Matt Galan Abend

Die Angst
ist ein seltsamer Vogel

Wie wir Ängste und Blockaden
spielerisch überwinden können

Verlag Via Nova

Inhalt

1
Angst – die Geißel unserer Zeit!

Angst hatten die Menschen zu jeder Zeit ihrer noch relativ jungen Entwicklungsgeschichte, wenn wir einmal die Erde oder gar das Universum als zeitlichen Maßstab einer Entwicklung nehmen.

Angst vor Tod, vor Krankheit, Hunger, Krieg, vor wilden Tieren, vor Gott, vor dem Teufel, der Obrigkeit, vor Blitz und Donner oder was auch immer es war, beherrschte die Menschen.

So etwas wie eine angstfreie Sicherheit gab es noch nie. Höchstens haben wir so etwas – wenn wir dieses Glück hatten – einmal kurzfristig in unserer frühen Kindheit empfunden. Ein unbezahlbares Geschenk und ebenso ein wunderbares Fundament, von dem wir dann ein Leben lang zehren können!

In einer Schöpfung, die sich ständig wandelt, kann es auch keine Sicherheit geben. Wenn immer wir uns einmal sicher fühlen, kann uns der äußere Wandel, der ständig um uns herum geschieht, sofort wieder in die Unsicherheit führen. Dies allerdings nur, wenn das Fundament unserer „inneren Sicherheit" nicht stark genug ist, die äußere Unsicherheit zu kompensieren. Natürlich werden in solchen Fällen zum Teil auch recht massive Ängste ausgelöst.

Wirkliche Sicherheit können wir niemals von außen, sondern immer nur aus uns selbst heraus beziehen.

9

Die Sicherheit, dass immer da sein wird, was wir brauchen, und dass wir das, was nicht da ist, auch nicht brauchen, oder es wäre da.

Die Sicherheit, dass uns für das, was uns genommen wird, etwas gegeben wird, das mit Sicherheit wichtiger für uns ist, oder das Alte wäre geblieben.

Die Sicherheit, dass nichts gegen uns, sondern immer nur für uns geschieht. Auch wenn wir das nicht immer gleich erkennen und es lieber ganz anders hätten.

Diese Aufzählung ließe sich noch beträchtlich erweitern und unendlich variieren, aber ich bin sicher, Sie erkennen schon an diesen drei Punkten, was ich Ihnen vermitteln möchte.

Sicherheit können wir nur dadurch gewinnen, dass wir dem dauernden Wandel vertrauen, dass wir den Wandel akzeptieren und mitgehen.

Wenn wir uns gegen den Strom der Schöpfung stellen, wenn wir nicht bereit sind mitzugehen, wird uns schon recht bald die Kraft ausgehen und wir werden hinweggeschwemmt.

Das Lebensgefühl oder die Lebensplattform einer inneren Sicherheit, die ich hier mit wenigen Worten skizziere, ist das, was ich als „*gesundes Urvertrauen*" bezeichne. In meiner Praxis erlebe ich es immer häufiger, dass gerade diese wichtige Basis den meisten Menschen unserer Zeit verloren gegangen ist.

Sie können sofort Dinge und Begebenheiten als stichhaltige Beweise dafür aufzählen, dass sie wahrlich keinerlei Grund zu irgendeiner Art Vertrauen haben. Ja, dass sie gerade dann, als sie wirklich einmal vertrauten, es besonders kräftig um die Ohren bekamen. Ein Fehler, der ihnen nun nie mehr passieren würde.

10

Na, dann passen sie halt in Zukunft gut auf und vertrauen nichts und niemandem, ja vielleicht sogar sich selbst nicht mehr. Ob es dann allerdings besser wird? Nun ja, Sie kennen vielleicht schon mein berühmtes bayerisches „Wer's mog".

Das, was das Hauptthema dieses Buches ist, die Angst, ist immer nur in Abwesenheit von Urvertrauen möglich.

***Angst ist der klassische
Gegenpol von Urvertrauen.***

Ein Mensch, der im Urvertrauen lebt, kann keine Angstprobleme haben.

Aber warum ist gerade in unserer heutigen Zeit ein so starkes Anwachsen von Ängsten aller Art, ja sogar das Anwachsen einer allgemeinen Lebensangst zu beobachten? Ich will Ihnen dazu ein paar typische Beispiele nennen.

Hatte man z. B. früher einen Beruf erlernt, so konnte man relativ sicher sein, dass einen dieser Beruf bis ins Alter hinein irgendwie ernähren würde. Heute können wir nicht einmal mehr sicher sein, dass es unseren erlernten Beruf in einiger Zeit – zumindest in seiner jetzigen Form – noch so geben wird.

Trat man z. B. früher als junger Mann oder junge Frau bei der Deutschen Post ein, so konnte man seine Beförderungen und Einkommensschritte, bis hin zum Rentenalter, einigermaßen sicher vorausberechnen. Heute können wir nicht einmal sicher sein, nach einer Ausbildung übernommen zu werden. Nach der „*Aus*"-*bildung* kommt dann nicht selten die „*Aus*"-*gliederung*.

Kannte man z. B. bis vor einiger Zeit noch den Ausbildungsberuf eines Drogisten, dem zumindest ein Allroundwissen in Chemie abverlangt wurde, so werden heute die Drogerieartikel von einer Teil-

11

zeitkraft über das Lesegerät der Kasse einer national oder internationanal operierenden Drogeriekette gezogen. Beratung null, Fachwissen null, Drogisten null!

Menschen werden immer austauschbarer und mit dieser Austauschbarkeit wächst auch deren Unsicherheit und mit der Unsicherheit wächst wiederum die Angst. Dabei spielt es keine Rolle, ob Sie irgendwo im Topmanagement eines Konzerns oder an der Kasse der zitierten Drogeriekette sitzen.

Im Management sind Sie nicht weniger austauschbar. Die Nachrückenden warten bereits und sägen nicht selten schon kräftig an Ihrem Stuhl. Kassenkräfte können dagegen etwas ruhiger leben. In diesen stressigen Beruf drängt nur relativ wenig nach.

Selbst Ehepartner sind heute problemlos austauschbar. Mit Kindern und auch mit den eigenen Eltern würde der eine oder andere dies sicher auch gerne versuchen, aber damit ist es z. Zt. noch etwas schwieriger. Aber vielleicht geht ja auch das bald – über E-Bay z. B.?

Warum die Überwindung von Ängsten und Blockaden nicht so ganz einfach ist.

Auch das möchte ich zunächst an ganz einfachen Beispielen erklären.

Sie wollen etwas ändern, Sie nehmen es sich ganz fest vor und schaffen es trotzdem nicht.

Sie wollen endlich etwas klären und haben es trotzdem wieder nicht geschafft.

12

Sie wollen endlich Ordnung in Ihrem Schreibtisch, Ihrer Werkstatt, der Küche oder wo auch immer schaffen und haben es trotzdem wieder nicht getan.

Sie wollen endlich dauerhaft abnehmen und sind trotzdem schon nach kurzer Zeit wieder auf Ihrem alten Gewicht.

Sie wollen endlich weniger Alkohol trinken und trotz Ihres guten Vorsatzes wird es eher mehr statt weniger.

Sie wollen ab sofort regelmäßig joggen und schaffen es trotzdem so gut wie nie.

Sie wollen zumindest in der Sommerzeit früh aufstehen, um in Ihrer Gleitzeitregelung entsprechend früh nach Hause gehen zu können und den Rest des Sommertages zu genießen, und kommen trotzdem erst wieder relativ spät zur Arbeit.

Sie wollen ... und wollen ... und wollen ... und wollen ... und schaffen es in der Regel trotzdem nicht.

Nun sind die Beispiele, die ich hier aufgeführt habe, relativ unbedeutend, es gibt sicher wichtigere Dinge in Ihrem Leben. Aber glauben Sie mir, was Sie in den kleinen Dingen nicht schaffen, das schaffen Sie auch in den großen Dingen nicht.

Sie sind deshalb weder willensschwach
noch schlechter als andere!
Sie wenden nur die falschen Techniken an.

Lassen Sie mich dies wie folgt erklären: Wenn Sie den Entschluss fassen, dies oder jenes zu tun, wenn Sie den Entschluss fassen, dies oder jenes zu ändern, wenn Sie den Entschluss fassen, sich in Zukunft anders als bisher zu verhalten, dann ist ein solch willentlicher Entschluss eine Leistung Ihres bewussten Verstandes.

Ihr Verstand hat erkannt, dass Sie etwas ändern sollten, dass Sie sich nicht optimal verhalten, dass manche Dinge nicht so gut organisiert sind, dass Sie sich damit nur selbst schaden usw. usw. Natürlich ist eine solche Erkenntnis absolut berechtigt und ich gratuliere Ihnen ganz herzlich zu Ihrem wirklich klugen Verstand.

Leider führt aber weder der Entschluss Ihres Verstandes noch meine herzliche Gratulation in der Regel zu irgendeinem Ergebnis. Warum?

Ihr Entschluss liegt auf der „be"-wussten Ebene, das jedoch, was diesen Entschluss blockiert, liegt auf der „un"-bewussten Ebene.

Wenn sich diese beiden Ebenen gegenüberstehen, wenn diese beiden Ebenen unterschiedliche Zielsetzungen verfolgen, siegt am Ende immer und ausnahmslos die unbewusste Ebene. Mit Ihrem Verstand haben Sie nie eine wirkliche Chance.

Was auf der unbewussten Ebene verankert ist, ist stärker und mächtiger als jede noch so logische Erkenntnis.

Die oft gehörte Behauptung, Sie können alles erreichen, wenn Sie nur wollen, ist einer der größten Irrtümer. Eine ganze Meute so genannter Motivationstrainer bläst in dieses Horn und die, die es nicht

14

schaffen, solchen Verkündigungen zu folgen, suchen dann in der Regel die Schuld bei sich selbst.

Es liegt nicht allein am Wollen,
es liegt vielmehr am Können,
und wenn Ihr Unterbewusstsein nicht will,
können Sie nicht,
egal, wie Ihr Verstand das sieht.

Versuchen Sie doch einmal willentlich einzuschlafen. Sie können sich zwar willentlich zum Schlafen hinlegen, aber willentlich einschlafen können Sie nicht.

Sie können auch willentlich etwas essen, aber willentlich Appetit haben können Sie nicht.

Sie können willentlich Gutes tun, aber willentlich lieben können Sie nicht.

Ich darf Ihnen noch ein anderes, recht einfaches Beispiel nennen: Wenn Sie Angst haben, mit einer Rolltreppe zu fahren, obwohl Millionen Menschen dies täglich so tun, obwohl Sie in einem Kaufhaus stundenlang beobachten können, wie alle, die die Rolltreppe benutzen, dies auch unbeschadet überstehen, kommt Ihr Verstand zu der durchaus richtigen Erkenntnis, dass auch Sie die Rolltreppe ohne jede Gefahr benutzen können.

Wenn Sie sich aber nun aufgrund der weisen Erkenntnis Ihres Verstandes willentlich in Richtung Rolltreppe bewegen, wird wohl zunächst Ihr Herz zu rasen beginnen, dann bricht der Schweiß aus, es wird Ihnen schwindelig, Sie stehen wie angewurzelt und suchen irgendwo einen Halt, nur auf die Rolltreppe werden Sie garantiert nicht steigen.

Müssen Sie nun für den Rest des Lebens auf die Annehmlichkeiten einer Rolltreppe verzichten? Nein! Was Sie brauchen, ist ein Trainingsprogramm, das Ihrem Unterbewusstsein die Chance gibt, seiner die Blockade auslösenden Aufzeichnung nunmehr in kleinen und überschaubaren Schritten neue und gegenteilige Aufzeichnungen hinzuzufügen.

Erst wenn dann die neuen Aufzeichnungen mächtiger und zahlreicher sind als die alten Aufzeichnungen Ihres Unterbewusstseins, werden Sie wie jeder andere Mensch, die Rolltreppe ganz normal benutzen können.

Als ich noch in München praktiziert habe, habe ich das mit einigen Menschen so durchexerziert. Es gibt im Erdgeschoss des Karstadthauses Oberpollinger zwischen der Sportabteilung und dem übrigen Haus eine Verbindung, in der man die Chance hat, einen kleinen Anstieg durch die Benutzung von fünf Treppenstufen oder durch eine in der Mitte dieser Treppenstufen verlaufende Mini-Rolltreppe zu bewältigen. Man kann also neben den sich bewegenden Stufen der Rolltreppe einhergehen.

16

Dies habe ich „händchenhaltend" und unentwegt redend mit einigen Menschen so lange geübt, bis wir uns dann auf die nächstgrößere Rolltreppe gewagt haben. Die Meisterprüfung bestand dann in der Benutzung der Rolltreppe von der U-Bahnstation Odeonsplatz an die Oberfläche. Eine der längsten Rolltreppen, die ich kenne.

Nun haben Sie, verehrter Leser oder Leserin, wahrscheinlich kein Problem damit, eine Rolltreppe zu benutzen, und trotzdem ist dieses einfache Beispiel für Sie hochinteressant, da es ein Arbeitskonzept aufzeigt, mit dem Sie letztlich jede Programmierung auf der unbewussten Ebene beeinflussen und mit der Zeit sogar völlig umbauen können.

Dies gilt natürlich vor allem für Ängste und Blockaden aller Art und davon gibt es eine Menge mehr Spezies, als Sie z. B. in Hagenbecks Tierpark antreffen können. Ich möchte Ihnen nur einige nennen:

Allgemeine Lebensangst, Zukunftsangst, Verarmungsangst, Verlassensangst, die Angst vor Krankheit, dem Alter, der Einsamkeit, dem Tod, dem Straßenverkehr, dem Klimawandel, die Angst vor Nähe usw. usw.

Dazu kommen objektgebundene Ängste wie z. B. Flugangst, Versagensangst im Beruf, in einer Prüfung, in der Partnerschaft, im Sport, in der Kindererziehung, die Angst, den Job zu verlieren, den Partner zu verlieren, das Haus zu verlieren, das Ansehen zu verlieren usw.

Weiterhin haben wir es mit der großen Gruppe der Phobien, deren bekannteste wohl die Klaustrophobie (Angst vor engen Räumen) ist, zu tun. Es gibt in der Gruppe der Phobien nichts, was es nicht gibt. Es gibt z. B. Menschen, die Angst haben, einen freien Platz zu überqueren, und sich lieber an den umstehenden Häusern entlangarbeiten usw.

Dann möchte ich nicht versäumen, die Gruppe der typischen Blockaden anzusprechen: Menschen mit total blockierter Lebensfreude,

z. B.: *„Das müssen wir ja doch alles wieder büßen"* und ähnlich dummen Sprüchen.

Die typische Reichtumsblockade: *Geld macht nicht glücklich, Geld verdirbt den Charakter, Geld ist schmutzig,* die uns unbewusst vom finanziellen Wohlstand abhält, ist ein weiteres Beispiel.

Zu beobachten sind Blockaden ebenso auf der zwischenmenschlichen wie auch auf der sexuellen Ebene, die zu einem so genannten „Nähe-Distanz-Konflikt" führen können. Wir sehnen die Nähe herbei, und wenn sie dann da ist, packt uns die Angst und wir gehen – wie schon so oft zuvor – wieder einmal davon und suchen erneut … erneut … erneut.

Der Verstand ist bei der Überwindung solcher Problematiken trotzdem nicht etwa unwichtig. Seine Erkenntnis ist immerhin so etwas wie eine Initialzündung. Seine Erkenntnis ist in etwa so, wie wenn Sie an einem Auto den Zündschlüssel drehen und den Motor anlassen – mehr nicht.

Zwar läuft jetzt der Motor, aber das Auto bewegt sich noch keinen Zentimeter. Sie müssen schon einen Gang einlegen, um das Auto zu bewegen – und zwar müssen Sie den richtigen Gang einlegen.

Zunächst einmal bestimmen Sie mit dem Einlegen des Ganges die generelle Fahrtrichtung – vorwärts oder rückwärts. Rückwärts ist relativ problemlos, da haben Sie nur einen einzigen Gang oder es handelt sich um einen Geländewagen, bei dem Sie auch da eine kleine Auswahl haben.

Vorwärts ist dagegen weitaus problematischer, denn wenn Sie z. B. einen zu hohen Gang einlegen, würgen Sie den eben gestarteten Motor sofort wieder ab. Sie kommen nicht umhin, zunächst einmal den ersten Gang einzulegen.

18

Eine Unterlassung, die bei der Überwindung von Ängsten und Blockaden am häufigsten gemacht wird: *Die Ziele werden zu hoch gesetzt.* Aber das werde ich Ihnen noch recht ausführlich erklären.

Die erfolgreiche Überwindung von Ängsten und Blockaden ist ein Weg der kleinen Schritte.

Wagen wir einen zu großen Schritt, werden wir daran scheitern und ein solches Scheitern bedeutet dann eine Stärkung dessen, was wir doch eigentlich schwächen wollten: *„Es geht wirklich nicht, wir haben es ja versucht!"*

Alles ist erst dann machbar, alles ist erst dann möglich, wenn wir es schaffen, die bewusste und die unbewusste Ebene schrittweise in die gleiche Richtung zu programmieren.

Schaffen wir das nicht, zerreißt es uns innerlich, leben wir in einem dauernden inneren Zwiespalt, leben wir in dauernder innerer Unzufriedenheit.

Wir wissen ja, wie wir sein sollten und ja auch selbst sein wollen, wir wissen ja, was wir alles zu ändern hätten, aber wir schaffen es einfach nicht und fühlen uns ohnmächtig, fühlen uns kraftlos und vielleicht sogar minderwertig, das Letzte, was wir uns selbst antun sollten.

Aus dieser Falle möchte ich Sie mit diesem Buch herausführen. Aber dies geht nicht ohne Ihre Bereitschaft zu einer konsequenten und vor allem kontinuierlichen Arbeit. Einfach mal was ausprobieren – weil es vielleicht ganz lustig klingt – und dann gleich wieder sein lassen führt zu keinem brauchbaren Ergebnis.

Ganz im Gegenteil, es bestärkt nur das, was Sie eigentlich ändern wollen. Sie liefern sich selbst die Bestätigung, dass es wirklich nicht geht. Wie gesagt, das Letzte, was Sie sich antun sollten.

Dieses Buch kann keine Angst besiegen.
Es kann Ihnen aber den Weg zeigen,
wie „ Sie" die Angst besiegen können.

Legen Sie dieses Buch lieber wieder weg und schauen Sie es nie mehr an, wenn Sie zu keiner ernsthaften Arbeit bereit sind, oder machen Sie es zu Ihrem täglichen Arbeitsbuch, wenn Sie Erfolg haben wollen.

Lesen Sie es zwei- oder dreimal. Sie werden immer wieder Neues entdecken, denn Ihr Unterbewusstsein neigt allzu schnell dazu, das wieder zu verdrängen, was nicht zu seinem Programm passt. Und sie wissen ja, nur ein bisschen schwanger geht nun mal leider nicht.

Ich möchte Sie nun zunächst einmal mit den für unser Thema entscheidenden Arbeitsebenen bekannt machen.

III – Die göttlich-geistige Ebene,
unser wahres und unbegrenztes Sein.

*

II – Die Ebene unseres denkenden Verstandes,
der Sitz unseres Ego-Ichs.

*

I – Die unbewusste Ebene,
ein Archiv, das wie die Software
eines Computers wirkt.

Nun, unsere unbegrenzte, göttlich-geistige Ebene spielt bei den Aktivitäten unseres inneren Schweinehundes, wie wir den spürbaren Widerstand so oft bezeichnen, mit Sicherheit keine Rolle.

20

Diese Ebene ist der genaue Gegenpol der Angst und kann deshalb bei der Beherrschung von Ängsten und Blockaden eine ganz entscheidende Rolle spielen, worauf ich im vorletzten Kapitel – die Arbeit aus der dritten Ebene – noch sehr genau eingehen werde.

Die Ebene unseres begrenzten Verstandes haben wir bereits angesprochen. Der Verstand will, der Verstand hat erkannt, der Verstand fasst auch den notwendigen Entschluss, schafft dann aber seine Umsetzung nicht, weil er auf einen Gegenwind trifft, der mächtiger ist als er.

Es ist die unbewusste Ebene, die blockiert. Die unbewusste Ebene wirkt auf uns wie die Software eines Computers. Nur was in dieser Software enthalten ist, kann der Computer ausführen, und wenn in dieser Software Fehler enthalten sind, führt er halt immer wieder dieselben Fehler aus.

Ein Computer mit fehlerhafter Software kann den Fehler in seiner Software weder selbst erkennen noch beseitigen.

Wenn wir nun nicht mehr so handeln wollen, wie wir bisher immer gehandelt haben, wenn wir etwas Grundsätzliches in unserem Verhalten ändern wollen, wenn wir nicht mehr so sein wollen, wie wir bisher waren, müssen wir die Software unseres Unterbewusstseins ändern und dazu brauchen wir das richtige Werkzeug und auch die richtigen Arbeitstechniken. Einen anderen Weg gibt es nicht!

Das heißt zunächst einmal, dass wir uns bei unseren Anstrengungen zwingend auf der Ebene bewegen müssen, auf der die Software verankert ist. Es hat z. B. keinen Sinn, an der Hardware herumzudoktern oder gar die Stromzufuhr zu kontrollieren. Von dort aus werden wir das Problem wohl niemals in den Griff bekommen.

Falls Sie an einer mehr wissenschaftlich anmutenden Erklärung der ausgesprochenen Hartnäckigkeit von Ängsten und Blockaden interessiert sind, biete ich Ihnen dazu gerne ein Bild an, das Gerald Hüther in seinem mehr wissenschaftlich ausgerichteten Buch „Biologie der Angst" benutzt.

Unser Gehirn ist ein Gebilde aus Milliarden einzelner Zellen, die alle miteinander vernetzt sind. Diese Vernetzung geschieht mit der Hilfe so genannter Peptide und Neurotransmitter, die – je nach Bedarf – den Kontakt zwischen den einzelnen Zellen herstellen.

Für die Übermittlung bestimmter Wahrnehmungen (auch auf der emotionalen Ebene), Eindrücke, Botschaften oder Befehle innerhalb dieses Netzwerks haben sich mit der Zeit bestimmte Signal-Laufwege gebildet, die umso ausgeprägter werden, je öfter diese Wege benutzt werden. So können sich regelrechte Autobahnen bilden, auf denen ein wohlbekanntes Signal blitzschnell weitergegeben wird und die damit verbundenen Reaktionen auslöst.

Für relativ selten benutzte Verbindungen hingegen haben sich lediglich kleine Feldwege oder allenfalls so etwas wie enge Landstraßen gebildet. Werden solche Verbindungen immer seltener benutzt, können die Feldwege sogar so weit zuwachsen, dass fast kein Durchkommen mehr ist.

Für eine Angst oder Blockade existiert bereits immer eine Autobahn. Als Auslöser dieser eingefahrenen Verbindung genügt ein bestimmtes Wort, ein Bild oder ein Gedanke. Sofort werden Stresshormone ausgeschüttet und das entsprechende Signal rast über die Autobahn zu den Empfängerstellen. Angst nimmt uns in den Griff, Schweiß bricht aus, die Stimmlage wird höher, das Herz rast, Fluchtinstinkte werden geweckt usw.

Nun ist die Landschaft unseres Gehirns aus Autobahnen, Bundesstraßen, Landstraßen, Feld-, Wald- und Wiesenwegen nichts Endgültiges. Wir können dieses Straßennetz jederzeit umbauen. Dies ist unsere wunderbare Chance.

22

Das menschliche Hirn verfügt über die Fähigkeit zum Ausbau neuer Wege, die z. B. bei neuartigen Erfahrungen und auch daraus erwachsenen neuen Aufgabenstellungen notwendig werden.

Wir können ganz bewusst neue Wege des Denkens und Fühlens anlegen und dabei gleichzeitig die alten und eingefahrenen Bahnen veröden lassen. Wir müssen nicht mehr in jedes Schlagloch hineinfahren, können stattdessen eine bequeme Umfahrung wählen und diese dann mit der Zeit zu einer neuen Hauptverbindung ausbauen, bis, ja, bis vielleicht wieder einmal ein neuer Wegebau ansteht.

Diese Fähigkeit hat der Menschheit bisher ihr Überleben gesichert.

Das Ganze könnte man natürlich wesentlich komplizierter darstellen und mit hochwissenschaftlichen Ausdrücken garnieren, aber wenn Sie meine Bücher kennen, wissen Sie, dass ich immer gerne sehr einfache Darstellungen wähle.

Es genügt völlig, wenn Sie das Prinzip verstanden und die darin liegenden Chancen erkannt haben.

So sind meine Bücher auch nie sehr umfangreich. Wenn man das, was man zu sagen hat, nicht kurz und präzise vermitteln kann, stimmt nach meiner Erfahrung etwas nicht.

Also machen wir uns auf den Weg!

2

Wie die Software unseres Unterbewusstseins entstanden ist

Die Anlage der Software unseres Unterbewusstseins, die Anlage unserer gesamten Verhaltensstruktur und unserer Konditionierungen in diese oder jene Richtung begann bereits mit den Aufzeichnungen der ersten Erfahrungen, die wir im Mutterleib oder schon kurz nach unserer Geburt machten.

Diese Aufzeichnungen waren das Fundament, auf dem sich unsere Verhaltensstruktur dann immer weiter aufbaute. Die ersten Autobahnen, über die wir gesprochen haben, können sich also bereits in unserer frühesten Kindheit gebildet haben, ohne dass es dazu erst des Studiums eines Straßenbauingenieurs bedurft hätte.

Ich wähle bewusst die Formulierung „können". Es kann so sein, es ist auch in den meisten Fällen so, aber es muss nicht immer so sein. Im weiten Feld der Psychologie gibt es nichts, was immer und ausschließlich so ist. Selbst die oft gehörte Behauptung, dass die meisten Psychologen selbst „einen Hau haben", gilt eben nur für die meisten.

In dieser ersten Lebensphase, die man in der Psychologie als Intentionalphase bezeichnet, kann z. B. der Grundstock für ein unerschütterliches Urvertrauen oder auch für das genaue Gegenteil eines gesunden Urvertrauens gelegt werden. Beides ist möglich.

Die gesamte Schöpfung Erde ist nach dem Prinzip der Polarität angelegt. Alles hat zwei Pole. Jeder Begriff, den wir kennen, wird erst durch den Gegenpol für uns begreifbar.

Hoch – tief, schnell – langsam, heiß – kalt, gut – böse, Liebe – Hass usw. Es gibt keinen Begriff in der menschlichen Sprache, der alleine aus sich selbst heraus und ohne den entsprechenden Gegenpol existieren könnte. Selbst um Gott begreifbar zu machen, bemühen wir noch den Teufel, was auch immer das sein mag. In unserer Thematik wäre z. B. die Urangst der Gegenpol zum Urvertrauen.

Verläuft nun die erste Lebensphase eines Menschen relativ neutral, also ohne große Höhen und Tiefen, ohne größere Ausschläge im mentalen Erleben, so bleiben wir zunächst noch ein relativ unbeschriebenes Blatt, auf dem dann meist später um so heftiger aufgezeichnet wird.

Blütenweiß bleibt niemand von uns. Das wäre auch nicht der Sinn unseres Lebens. So etwas würde Stillstand bedeuten und in der Schöpfung steht nichts auch nur eine einzige Sekunde still.

Wir sind nicht hier, um es uns bequem zu machen!

Wir sind hier, um durch die Lösung bestimmter Aufgabenstellungen ein Stück weiterzukommen, ein Stück bewusster zu werden, ein Stück weiser zu werden, einen weiteren Schritt auf unserem Weg zurück zur allumfassenden Quelle zurückzulegen, in der sich dann letztlich jede Individualität auflöst. So wird unser Ego-Ich immer wieder kräftig verbeult und angeschlagen und dies geschieht *für* uns und nicht *gegen* uns. Dass wir es in vielen Dingen lieber ganz anders hätten, spielt dabei keine Rolle.

Ich vergleiche die Erde gerne mit einer Schule, in der wir uns von Klasse zu Klasse weiterentwickeln, bis wir dann endlich ausgeschult werden können. Verweigern wir uns, ignorieren wir den Lernstoff, bleiben wir so lange sitzen und dürfen die Klasse so lange wiederholen, bis wie endlich begriffen und unsere Aufgabe gelöst haben.

Beschäftigen wir uns zunächst einmal mit der so wichtigen Basis eines Urvertrauens, wie ich sie auch schon in anderen Büchern geschildert habe. Es schadet Ihnen nichts, wenn Sie dies zweimal lesen, und es entwickelt sich umso mehr zu Ihrem Nutzen, je deutlicher Sie sich dabei auch noch über Ihre eigene Startposition klar werden.

Also: Werden wir z. B. als Wunschkind geboren, werden wir mit Freude erwartet und nach unserer Geburt liebevoll und zärtlich umsorgt, spüren wir Nähe, Geborgenheit und Sicherheit, spüren wir, dass wir unseren Platz gefunden haben und nichts gegen uns geschieht, können wir uns voller Vertrauen fallen und treiben lassen. Damit ist dann der Grundstock für ein gesundes Urvertrauen während unseres gesamten folgenden Lebens gelegt. Es wird uns so leicht nichts umwerfen und Angst haben wir eigentlich vor gar nichts.

Sind wir aber z. B. ein Problem für unsere Eltern, sind wir keinesfalls erwünscht, hat man vielleicht sogar versucht uns abzutreiben, bringen wir nur Probleme statt Freude und erleben das untrügliche Gefühl, falsch und unerwünscht zu sein, entsteht das genaue Gegenteil eines gesunden Urvertrauens. Wir bestreiten unser Leben aus einer gewissen Grundangst heraus.

Das damit verbundenes Gefühl des Falschseins, des nicht Genügens sowie ein unterschwelliges Schuldgefühl können z. B. schon dadurch entstehen, dass wir als Mädchen geboren wurden, obwohl doch so dringend ein Junge erwartet wurde, oder umgekehrt.

Unser Unterbewusstsein
zeichnet bereits zu einem Zeitpunkt auf,
zu dem unser physischer Körper
noch keinesfalls voll entwickelt ist.

Nun, wie verhält sich ein Mensch, der ohne die tragfähige Basis eines gesunden Urvertrauens auskommen muss? Er versucht in der Regel das, was er als Mangel empfunden hat – Zuwendung, Liebe,

Anerkennung, Geborgenheit, Sicherheit usw. – auf dem Umweg übermäßiger Leistung und Anpassung an die Erwartungen seiner Umwelt doch noch irgendwie zu erreichen.

Er versucht auf diesem Weg zu beweisen, dass er doch nicht so falsch ist und man ihn durchaus mögen oder sogar lieben könnte. Er ist bereit, sich selbst zurückzunehmen, um seiner Umwelt zu gefallen. Natürlich geschieht dies völlig unbewusst. Danach befragt, würde er es wahrscheinlich mit Entschiedenheit abstreiten.

Leider eine mehr als brüchige Lebensplattform, die früher oder später zu gesundheitlichen oder auch mentalen Problemen führt, da eine solche Anstrengung auf Dauer nicht durchzuhalten ist.

Das immer zurückgehaltene eigene Selbst, der ewige Kampf um Anerkennung und Zuneigung, mangelndes Selbstvertrauen und mangelnde Selbstanerkennung führen irgendwann zum Burnout, wie man das heute so schön nennt. Aber damit ist man dann wenigstens in bester Gesellschaft.

Ich kann mich nur anerkennen, wenn andere mich anerkennen. Ich kann mich nur mögen, wenn auch andere mich mögen, ich bin erst mit mir zufrieden, wenn alle mit mir zufrieden sind.

Nehmen wir zum Vergleich dazu die Basis eines gesunden Urvertrauens:

Ich weiß, dass ich gut und richtig bin, ich weiß, dass ich gemocht und anerkannt werde, ich bin zufrieden mit mir selbst und das Geschwätz der anderen kümmert mich herzlich wenig: Magst du mich – schön, magst du mich nicht – auch schön.

Nun haben wir uns die unterschiedlichen Startpositionen ja nicht in irgendeinem Warenhauskatalog ausgesucht, wir wurden in diese Umstände hineingeboren, und wenn wir uns in unserer Startsituation auf der Soll- statt auf der Habenseite wiederfinden, haben wir zwei Möglichkeiten, damit umzugehen:

28

Wir können es als unser so genanntes
Schicksal „hin"-nehmen
oder wir können es als
unsere Aufgabenstellung „an"-nehmen!

Der entscheidende Unterschied liegt in den beiden Silben „hin" und „an". Nur wenige Buchstaben, und doch liegen ganze Welten zwischen diesen beiden Einstellungen.

Glauben Sie mir, ich weiß, wovon ich rede. Ich selbst wurde auf einer extremen Sollseite geboren. Liebe, Zuneigung und das Gefühl, angenommen zu sein, habe ich in meiner Kindheit nie erlebt. Meine Mutter sagte mir wörtlich: „Liebe gibt es nicht, so was ist Quatsch." Und trotzdem habe ich es geschafft, auf die Habenseite zu wechseln. Mit einer verkorksten Kindheit als Alibi für ungelöste Aufgabenstellungen wären Sie also bei mir völlig falsch.

Ich verkünde Ihnen keine Theorien oder Universitätsweisheiten. Ich bin den Weg selbst gegangen und weiß, dass eine Überwindung auch solch grundsätzlicher Prägungen und auch die Überwindung von Ängsten aller Art durchaus möglich ist.

Gehen wir zunächst wieder zu der Frage zurück, wie die Software unseres Unterbewusstseins entstanden ist.

Mit den ersten Aufzeichnungen, die in unserem Unterbewusstsein gespeichert wurden, ist so etwas wie eine erste Wahrheit entstanden.

Wir haben es ja so erlebt und die damit verbundene Erlebnisqualität wird vorbehaltlos gespeichert, gleichgültig, ob wir das Erlebte als angenehm oder als unangenehm empfunden haben.

Bei den Aufzeichnungen unseres Unterbewusstseins steht nicht das objektive Geschehen im Vordergrund, sondern allein das subjektive Empfinden.

Was bedeutete das Erlebte für uns? Haben wir es als Kränkung, als Zurückweisung oder im Gegenteil als Zuneigung und Bestätigung empfunden?

Waren wir tief verletzt oder schwebten wir sogar für eine Weile auf Wolke sieben?

Haben sich nun im Laufe der Zeit mehrere Speicherungen der gleichen Art ergeben, so ist die daraus entstandene Wahrheit um so mächtiger und unüberwindbarer geworden. Eine Autobahn ist entstanden.

Haben wir z. B. aus dem Handeln und Sagen anderer uns gegenüber immer wieder empfunden, dass wir nichts wert sind, so wird es im Laufe der Zeit für uns zur absoluten Wahrheit, nichts wert zu sein, und alles, was um uns herum geschieht, wird ganz selbstverständlich durch diese Brille gesehen und bewertet.

Natürlich rede ich hier in Schwarz-Weiß-Beispielen. Es gibt daneben unendlich viele Grautöne, aber um die Mechanismen deutlich zu machen, die hier wirksam sind, gestatten Sie mir bitte die Aufzeichnung solcher Extrempositionen.

Die Aufzeichnung, nichts oder nicht viel wert zu sein, kann sich natürlich auch lediglich auf ein bestimmtes Gebiet beziehen, z. B. Sport, Musikalität, Sprachbegabung usw. „Das konnte ich noch nie!" Ja, mag sein, aber mit einer solchen Aufzeichnung werden Sie es wohl auch nie können, denn Sie versuchen es erst gar nicht.

Zu den recht einfachen Mechanismen, die ich bisher geschildert habe, kommt dann leider noch eine absolut unangenehme Eigenschaft unseres Unterbewusstseins hinzu. Auch dies versuche ich immer wieder klar zu machen:

Unser Unterbewusstsein zeichnet bereitwillig alles auf, was zu einer einmal gefundenen Wahrheit passt – ja, es sucht geradezu nach Verstärkern dieser Wahrheit –, und wehrt umgekehrt alles ab, was dieser Wahrheit entgegensteht.

30

Sagt uns nun jemand, dass er uns mag, dass wir sehr wertvoll für ihn sind und dass er uns nicht verlieren möchte, wir aber inzwischen zu der immer wieder bestätigten Wahrheit gekommen sind, nichts wert zu sein, so wiehert unser Unterbewusstsein vor Vergnügen und wehrt diesen hinterhältigen Angriff auf unsere etablierte Wahrheit mit allen Mitteln ab.

Was will der oder die eigentlich von uns, der oder die führt doch was im Schilde, warum sagt sie so was, wir wissen doch, dass wir nichts wert sind. So eine falsche Schlange!

Natürlich entstehen solche Überlegungen dann in unserem Verstand, wenn wir es ganz exakt betrachten, aber der Anstoß zu diesen Gedanken kam aus der unbewussten Ebene. Unser Unterbewusstsein hat keine eigene Kommunikationsebene. Es äußert sich entweder über unseren Verstand oder über unser Gefühl.

Wir fühlen, dass etwas nicht stimmt, obwohl wir es mit unserem Verstand nicht erfassen können, oder unser Verstand zeigt uns Gründe auf, die wir dann wiederum mit unserem Gefühl nicht erfassen können.

Nun wird die Sache leider noch etwas komplizierter. Unser so hochgelobter menschlicher Verstand, der doch eigentlich über den Dingen stehen und emotionslos analysieren sollte, bedient sich bei seiner Arbeit immer und ausschließlich der Aufzeichnungen unseres Unterbewusstseins.

Unser Unterbewusstsein ist die Software, deren sich unser Rechner (Verstand) bei seiner Bewertung einer Situation bedient. Was diese Software beinhaltet, wird ausgeführt, was darin nicht enthalten ist, kann auch nicht ausgeführt werden. Ich habe das bereits eingangs dargelegt.

Wir bewegen uns in einem Kreisverkehr, den es zu durchbrechen gilt.

31

Am Arbeitsprinzip unseres Unterbewusstseins ändert sich dann auch in späteren Lebensjahren nichts, wobei wir dabei leider immer unflexibler statt flexibler werden, was wiederum daran liegt, dass die einmal gefundenen Wahrheiten immer wieder verstärkt wurden.

Die etablierten Wahrheiten werden zu immer schnelleren Autobahnen und das, was zu einer neuen Wahrheit führen könnte, findet immer weniger Durchlass und bleibt auf irgendeinem Feldweg stecken.

Wir haben sozusagen unseren Standpunkt gefunden und unsere Verkehrsleitzentrale ordnet blitzschnell alles den entsprechenden Wegen zu.

Scheren wir nun bewusst aus diesem System aus, vermeiden wir die Autobahnen und versuchen völlig neue Wege einzuschlagen oder bisher nur als Feldwege genutzte Verbindungen auszubauen, entsteht in unserer Zentrale der absolute Stress.

Die etablierte Ordnung gerät durcheinander, es herrscht Alarmzustand, Stresshormone werden ausgeschüttet und alle Kräfte zur Wiederherstellung der alten Ordnung aktiviert.

Dieser Stress ist umso gewaltiger, je weitreichender die angestrebten Änderungen sind. Versuchen wir z. B. eine Autobahn völlig zu sperren und den Verkehr auf einen bislang nur wenig ausgebauten Feldweg umzuleiten, bricht das absolute Verkehrchaos aus. Nichts geht mehr – weder vorwärts noch rückwärts, wir stecken fest und nicht selten bricht Panik aus.

Der Weg der kleinen Schritte, wie ich ihn empfehle, bedeutet im Prinzip nicht anderes, als dass wir im Anfang vielleicht nur jedes zehnte Fahrzeug auf den neuen Weg umleiten, dann jedes achte, sechste, vierte usw. Nur so können wir eine neue Autobahn einrichten und die alte Bahn kann endlich zur Begrünung freigegeben werden. Alle Grünen werden sich über unsere Tat freuen.

Sie wissen, dass es Pflanzen gibt, die sich mit der Zeit auch durch den härtesten Asphalt ans Licht arbeiten.

Also beginnen wir mit den entsprechenden Anpflanzungen.

3

Unser Unterbewusstsein – Freund oder Feind?

Diese Frage ist leider nicht so klar zu beantworten, wie sie gestellt ist, selbst dann nicht, wenn das Unterbewusstsein die typischen Symptome einer Angst auslöst.

Mal wirkt unser Unterbewusstsein wie ein enger Freund, der uns schützen und vor Fehlern bewahren will, mal empfinden wir sein Wirken eher als gegen uns gerichtet und keinesfalls freundlich.

Mal bewahrt es uns vor etwas, vor dem wir uns nur allzu gerne bewahren lassen, mal bewahrt es uns vor etwas, was wir umgekehrt nur allzu gerne erleben würden.

Im letzteren Fall sperrt es uns sogar gegen unseren erklärten Willen aus und wir reden dann oft von unserem inneren Schweinehund, der uns wieder einmal im Wege stand, der uns wieder einmal an etwas gehindert hat.

Aber warum handelt unser Unterbewusstsein einmal so und ein andermal so? Warum gehorcht es nicht einfach unserem Willen? Warum führt es sich so widerspenstig auf? Warum will es offensichtlich immer die Oberhand gewinnen? Was will es damit erreichen?

Die Antwort ist ganz einfach:

Unser Unterbewusstsein will uns schützen,
es will unser Überleben sichern,

35

es will uns vor Schaden bewahren,
es will uns vor inneren und äußeren
Verletzungen schützen,
es will uns aus allen Gefahren
heraushalten.

Eigentlich doch recht lobenswert und wir hätten damit sogar allen Grund, ihm dankbar zu sein, wenn, ja, wenn es sich bei seinen Bemühungen nicht eines sehr eingeschränkten und zudem fragwürdigen Maßstabs bedienen würde, wenn es dabei wenigstens so etwas wie eine minimale Intelligenz beweisen würde.

Leider aber besitzt unser Unterbewusstsein
lediglich die Intelligenz eines Schuhkartons –
nämlich gar keine.

Allein daraus resultiert seine Problematik.

Was sich in diesem Schuhkarton mehrheitlich oder als höchst beeindruckend – und damit nachhaltig – angesammelt hat, gilt ganz automatisch als die beweisbare Wahrheit.

Was hingegen keinen Zugang in diesen Schuhkarton gefunden hat, kann auch gar nicht wahr sein und wird somit völlig ignoriert.

Wie bereits gesagt – einmal geschieht dies zu unserem Nutzen, ein andermal zu unserem Schaden.

Lassen Sie mich dies noch etwas näher erklären: Wenn wir eine schmerzhafte Erfahrung gemacht haben und diese vielleicht sogar schon mehrfach, dann will uns unser Unterbewusstsein vor einer neuerlichen Erfahrung dieser Art bewahren, indem es alles, was zu einem neuerlichen Erleben führen könnte, blockiert.

Wenn wir z. B. die Erfahrung gemacht haben, dass wir bei Frauen oder umgekehrt bei Männern nicht gut ankommen und trotz aller Bemühungen jedes Mal eine Abfuhr erhalten, dann blockiert unser Unterbewusstsein jeden neuerlichen Versuch in die gleiche Richtung, um uns vor der erneuten schmerzhaften Erfahrung der Ablehnung zu bewahren. Eigentlich doch recht nett und fürsorglich – oder?

Aus seiner begrenzten Sicht natürlich ja, dass wir dabei aber keinen Schritt weiterkommen, dass wir uns dabei immer mehr zurückziehen, uns aus der Lebendigkeit des Lebens verabschieden und immer linkischer und unbeholfener werden, vermag es nicht zu erkennen. Hauptsache, die gefährliche Situation wurde vermieden und der voraussichtliche Schmerz verhindert.

Zu einer übergreifenden Sichtweise und Bewertung wäre so etwas wie Intelligenz nötig, aber, wie gesagt, darüber verfügt unser Schuhkarton leider nicht. Also erfüllt er brav seine Aufgabe und bewahrt uns – aufgrund seiner Sammlung – vor neuerlichem Schmerz und lässt uns still in der Ecke sitzen. Schließlich wissen wir ja, was mit uns los ist, wir haben unsere Erfahrung ja nicht umsonst gemacht.

Wenn wir – ein anderes Beispiel – die durchaus schmerzhafte Erfahrung gemacht haben, dass wir z. B. durch Übermut und Unvorsichtigkeit bei einer Bergwanderung abgestürzt und nur mit Hilfe der Bergwacht gerade noch einmal davongekommen sind, dann wird es uns in Zukunft auch davor bewahren wollen. Wir werden vorsichtiger, vielleicht sogar ängstlicher und vermeiden alles, was uns noch einmal in eine ähnliche Situation bringen könnte.

In dem Fall sprechen wir dann davon, dass wir ein Stück weiser und erfahrener geworden sind, aber daraus auf eine Weisheit des Unterbewusstseins zu schließen, wäre ein fataler Irrtum.

Unser Unterbewusstsein macht einfach seinen Job ...

Wurden in unserem Schuhkarton Stiefel eingelagert, sind Stiefel die Wahrheit für unseren Schuhkarton, waren es Sandalen, dann sind

37

eben Sandalen die Wahrheit. Es kommt also sehr darauf an, was dort als Erstes eingelagert wurde, denn ich habe Ihnen ja schon erklärt, dass unser Unterbewusstsein einer einmal gefundenen Wahrheit freudig hinzufügt, was diese Wahrheit bestätigt, dagegen alles abblockt, was dieser Wahrheit widerspricht.

Eine Intuition springt über
alle Begrenzungen hinweg,
das Unterbewusstsein hingegen
kann seine Begrenzungen
niemals sprengen.

Aber nun haben wir ja auch noch unseren Verstand. Der Mensch ist ein „vernunftbegabtes Wesen", was ihn ja von allen anderen Lebewesen unterscheiden soll, wie immer wieder betont wird. Unser Verstand müsste dann doch in der Lage sein, die fehlende Intelligenz unseres Unterbewusstseins zu kompensieren.

Ist er auch! Unser Verstand kann z. B. sehr klar erkennen, dass wir nicht weiterkommen, wenn wir – wie in meinem ersten Beispiel – in der Ecke sitzen bleiben, um uns die schmerzhafte Erfahrung einer erneuten Ablehnung zu ersparen.

Unser Verstand weiß auch sehr genau, was wir ändern müssten, wie wir uns besser verhalten würden, woran wir zu arbeiten hätten usw., aber in der Regel kann er seine Erkenntnis nicht in die Tat umsetzen. Er kommt gegen die geballte Macht unseres Unterbewusstseins nicht an, dazu ist unser Verstand zu schwach.

Schließlich weiß das Unterbewusstsein ja, dass wir so etwas nicht können. Es hat es mehrfach erlebt und aufgezeichnet, es hat jedes Mal sehr weh getan, und es gibt keine Chance, ihm klarzumachen, dass es diesmal vielleicht ganz anders sein könnte und wir statt Schmerz nun Freude ernten könnten.

38

Ich weiß, dass das, was ich hier sage, in krassem Widerspruch zur Meinung manch anderer Kollegen steht. Vielfach hört man sogar von der „unendlichen Weisheit" des Unterbewusstseins reden. Nun, es ist nicht verboten, eine andere Meinung zu haben.

Ich vermute, dass bei solchen Weisheitsunterstellungen das Unterbewusstsein mit unserer unbegrenzten, geistigen Ebene verwechselt wird, deren Weisheit ist tatsächlich unbegrenzt. Aus dieser unbegrenzten Ebene kommt z. B. das, was wir als Intuition bezeichnen.

Um einem möglichen Begriffs-Wirrwarr vorzubeugen, habe ich Ihnen ja bereits die drei verschiedenen Ebenen auf Seite (20) aufgezeichnet. Grob vereinfacht könnte man es danach auch so definieren:

Die unbewusste Ebene zeichnet auf,
die Verstandesebene denkt
und die unbegrenzte Ebene lenkt.

Unser Verstand ist dabei – entwicklungsgeschichtlich gesehen – die jüngste und somit auch noch die am wenigsten entwickelte Ebene. Sie kommt gegen die mächtige und uralte Einrichtung des Unterbewusstseins, das vielerorts unserem Stammhirn zugeordnet wird, das sich seinerseits wiederum nur in minimaler Weise vom Stammhirn eines Affen unterscheidet, nicht an.

Ebenso könnte man das Unterbewusstsein auch dem so genannten limbischen System, einer bestimmten Region des Hirns, zuordnen. Wir wissen, dass z. B. ungelöste seelische Konflikte im limbischen System als kleine, energetisch wirksame Punkte eingelagert sind. Allgemein wird das limbische System als emotionsauslösendes Zentrum oder auch als emotionales Gehirn anerkannt.

Wenn Sie darüber mehr wissen wollen, gibt es dazu hervorragende medizinische Fachbücher, die Ihnen aber allesamt bei der Über-

39

windung von Ängsten und Blockaden wenig helfen können. Es genügt, wenn Sie eine ungefähre Vorstellung von dem haben, was da abläuft. Sie wollen sich ja nicht als Hirnchirurg betätigen. Die Operationen, die Sie vorzunehmen haben, liegen auf einer etwas überschaubareren Ebene.

Aber betrachten wir uns doch jetzt einmal unseren so vielgelobten Verstand etwas näher.

4

Der Verstand des Menschen – arbeitet er für oder gegen uns?

Nun werden Sie sich womöglich wundern, dass ich eine so grundsätzliche Frage auch bei unserem Verstand stelle.

Schließlich ist unser Verstand doch das, was uns von allen anderen Lebewesen unterscheidet, unser einmaliger Vorteil sozusagen. Das, was uns zur Krone der Schöpfung macht – wie man so schön sagt. Wie könnte dann dieser Verstand gegen uns sein?

Im Prinzip gilt hier das Gleiche, was ich bei dieser Frage über unser Unterbewusstsein gesagt habe. Mal arbeitet unser Verstand für uns und mal arbeitet er gegen uns. Es kommt allein auf die Thematik und den Betrachtungswinkel an.

Gegen uns, zumindest gegen unsere übergeordneten Interessen, wirkt er z.B. immer dann, wenn er uns von einer Intuition, von einer Idee oder unserem so genannten Bauchgefühl, das aus der unbegrenzten Ebene kommt, mit seiner unendlichen Besserwisserei wieder abbringen will. In solchen Fällen verbündet er sich sogar mit unserem Unterbewusstsein, das dann die Karte Angst zieht. Wir bekommen Angst vor der eigenen Courage.

Wir fühlen, dass etwas richtig ist, wir fühlen, dass wir so und nicht anders handeln müssten, aber unser Verstand plappert unaufhörlich dazwischen, weiß alles besser und warnt vor den unübersehbaren Konsequenzen. Man weiß ja ... !

*Unser Verstand ist oft so etwas
wie ein professioneller Bedenkenträger,
ein Absicherer und Verhinderer.
Aber auch das muss ich sicher näher erklären.*

*Wenn unser Verstand denkt, wenn er abwägt, wenn er zu einer
Entscheidung kommt, bedient er sich bei seiner Urteilsfindung
und der daraus entspringenden Handlungsempfehlung immer der
Aufzeichnungen unseres Unterbewusstseins.*

Deshalb habe ich das Unterbewusstsein ja auch als jene Software
bezeichnet, deren sich unsere Hardware (Verstand/Hirn) bei ihrer
Arbeit bedient. Das kann natürlich zu unserem Vorteil wie auch zu
unserem Nachteil geschehen.

Wenn wir z. B. ein Automobil bewegen, dann ist daran unsere be-
wusste wie auch unsere unbewusste Ebene gleichermaßen beteiligt.
Schalten und Kuppeln z. B. geschieht mit der Zeit völlig unbewusst.
Darüber haben wir höchstens in der Fahrschule nachgedacht, in der
täglichen Praxis denken wir keine Sekunde mehr darüber nach.
Diese Tätigkeit hat sich verselbständigt.

Die Verarbeitung der Verkehrszeichen, die wir am Straßenrand
sehen, und die Bestimmung der Fahrstrecke zum Ziel hingegen sind
eine reine Verstandesleistung. Hier spielen also beide Ebenen lü-
ckenlos ineinander und ergänzen sich dabei wunderbar.

*Der anzustrebende Idealzustand:
Bewusstsein und Unterbewusstsein
arbeiten in die gleiche Richtung.*

Geschieht nun aber plötzlich etwas Ungewöhnliches, können die
beiden Ebenen, die gerade noch so wunderbar harmoniert haben,
wieder völlig unterschiedlich reagieren.

42

Entdecken wir z. B. am Straßenrand eine Radarkontrolle, nehmen wir sofort den Fuß vom Gaspedal und kontrollieren gewissenhaft unsere Geschwindigkeit. Eine bewusste Verstandesleistung, der unsere programmierten Fahrabläufe sofort folgen. Das haben wir gelernt!

Waren wir schon einmal in einen Unfall verwickelt und haben dabei vielleicht sogar eine schmerzhafte Erfahrung gemacht, wird diese Erfahrung in einer nun auf uns zukommenden ähnlichen Situation ebenfalls wieder sofort reaktiviert. Auch das haben wir gelernt!

Wir handeln völlig unbewusst, bremsen vielleicht abrupt, reißen das Steuer herum, ducken uns und schreien womöglich. Unser Verstand bleibt wie ausgeschaltet, unser Unterbewusstsein hat die Führung übernommen.

Schade, denn gerade hier wäre unser Verstand mit einer kühlen und sachlichen Reaktion, die unser Verhalten auch für andere Verkehrsteilnehmer durchschaubarer macht, der bessere Partner. Aber glauben Sie mir, unser Verstand hat nicht die geringste Chance einzugreifen. Höchstens hinterher werden wir feststellen, dass es wohl besser gewesen wäre, so und nicht so zu handeln, wie wir nun einmal gehandelt haben. Aber hinterher nutzt es uns dann nichts mehr.

Ich hatte vor einigen Jahren mit meiner Frau, die dabei auf dem Beifahrersitz saß, einen schweren Verkehrsunfall, bei dem unser Fahrzeug einen Totalschaden erlitt. Wir fuhren mit 100 km/h über eine vollkommen freie Landstraße, als plötzlich ein Fahrzeug quer vor uns stand, das aus einem kleinen Seitenweg, der von hohen Maisfeldern umgeben war, auf die Landstraße einbog und uns dabei vollkommen übersehen hatte.

Trotz einer Vollbremsung konnte ich einen heftigen Zusammenstoß nicht verhindern. Unser Fahrzeug wurde in ein angrenzendes Weizenfeld katapultiert und wir konnten aus dem auf dem Dach liegenden Fahrzeug herauskrabbeln. Zunächst spürten wir keinerlei Schmerz. Wir waren nur froh, überlebt zu haben.

Schock und Schmerz stellten sich erst später ein. Ich kippte wohl irgendwann um und wurde mit einem Rettungswagen ins Krankenhaus gefahren. Meiner Frau ging es damals etwas besser, heute allerdings gar nicht.

Während ich das Erlebte relativ gut überwunden habe, zuckt sie noch heute bei jedem sich uns aus einer rechten Seitenstraße nähernden Fahrzeug zusammen. Sie hebt die Arme schützend hoch oder hält sich krampfhaft irgendwo fest.

Mit ihrem Verstand weiß sie natürlich, wie unsinnig das ist, wir scherzen dann sogar darüber und ich frage sie, ob sie wieder Gymnastik machen will. Die in ihrem Unterbewusstsein gespeicherte Erfahrung ist stärker als ihr Verstand und bei der nächsten ähnlichen Situation wird sie mit Sicherheit wieder so reagieren. Bei der Angst ist das nicht anders. Auch der Angst liegt eine gespeicherte Erfahrung zu Grunde – die objektiv oder auch nur subjektiv erlebt wurde.

Eigenartigerweise reagiert meine Frau nur als Beifahrerin so. Wenn sie selber fährt, treten diese Reflexe nicht auf. Das Unterbewusstsein muss diese Situation also sehr differenziert gespeichert haben. Neben dem reinen Geschehen muss wohl vor allem die damalige Erfahrung – *als Beifahrerin ausgeliefert zu sein und selbst nichts tun zu können* – zu der heutigen Reaktion führen.

Das Unterbewusstsein speichert also weniger das reine Geschehen als vielmehr das damit verbundene mentale Erleben. Die rein subjektive Erlebnisqualität ist offensichtlich wichtiger als das objektive Geschehen.

Aber beschäftigen wir uns wieder mit unserem Verstand.

Ist es nicht faszinierend anzusehen, zu welchen Leistungen der menschliche Verstand grundsätzlich fähig ist? Wir rasen durch die Lüfte, fliegen zum Mond, schicken Forschungssonden in das Weltall, tauchen in die Tiefen der Meere, leisten in der Medizin immer Er-

44

staunlicheres und können inzwischen sogar Leben auf künstlichem Weg erzeugen. Was für ein wunderbarer Verstand – könnte man versucht sein zu sagen.

Auch hier gilt wieder die gleiche Feststellung: „Mal arbeitet er für uns, mal gegen uns." Mit demselben Verstand entwickeln wir z. B. immer effizientere Methoden des Tötens – die Atombombe ist ein solches Beispiel –, wir ruinieren das Klima unserer Erde, bis wir sie wohl irgendwann unbewohnbar gemacht haben, usw. usw.

Aber wie hat es z. B. der menschliche Verstand geschafft, ein so perfektes Auto zu entwickeln, wie wir es heute kaufen können und in dem es an nichts fehlt, wenn wir uns bei unserem Kauf für den letzten Stand der Technik entscheiden, der zugegebenermaßen nicht ganz billig ist? Schauen wir uns dazu die Entwicklung des Automobils etwas genauer an. Wie hat unser Verstand so etwas schaffen können? Meine Antwort:

Unser Verstand arbeitet ausschließlich in kleinsten Mini-Schritten.

Was als eine so gigantische Leistung auf uns wirkt, ist im Kern nichts anderes als das Ergebnis einer endlosen Fehlerkette, deren kritischer Auswertung und des anschließenden Mutes, einen weiteren kleinen Minischritt ins Neuland zu wagen.

Ich erinnere noch einmal daran: Unser Verstand bedient sich bei seiner Arbeit immer der Aufzeichnungen unseres Unterbewusstseins. Diesen Aufzeichnungen kann er höchstens einen kleinen, gerade noch kontrollierbaren Schritt hinzufügen

Als Geburt des Automobils bezeichnet man heute den Moment, als jemand statt eines Pferdes einen kleinen, viereckigen Kasten, den er als Motor bezeichnete, an der Kutsche anbrachte.

45

Das im Unterbewusstsein gespeicherte Bild, die Software für Personenbeförderung, deren sich der Verstand bediente, war die Kutsche. Der Fahrer oder Lenker saß ungeschützt auf dem Kutschbock und die Passagiere – einander gegenüber sitzend – in der überdachten Kutsche.

Mehr konnte der menschliche Verstand nicht zulassen, bis dann der nächste, übernächste und überübernächste Minischritt dazu führten, dass auch der Kutscher ein Dach über den Kopf bekam, dass die Fahrgäste nun alle in Fahrtrichtung und nicht mehr gegenüber saßen usw.

Warum erzähle ich Ihnen das? Was hat das mit dem Thema dieses Buches zu tun? Sie wollten doch eigentlich nichts über die Entwicklung des Automobils wissen.

Es ist für Sie von größter Wichtigkeit zu erkennen, in welcher Beziehung Verstand und Unterbewusstsein zueinander stehen, wie sie miteinander arbeiten, wie sie voneinander abhängig sind.

Es ist für Sie enorm wichtig zu erkennen, dass Sie mit Ihrem Verstand immer nur in kleinen Minischritten über die gespeicherten Scheinwahrheiten Ihres Unterbewusstseins hinausgehen können. Das gilt auch vor allem bei der Überwindung von Ängsten aller Art.

Wenn Sie Ihre inneren Grenzen und Blockaden überwinden wollen, dann geht dies nicht durch großartige Erkenntnisse mit entsprechenden Handlungsbeschlüssen. Es geht nur durch systematisches und schrittweises Vorgehen.

*Der Schritt ins Unbekannte,
der Schritt in eine vermeintliche Gefahr
muss für Ihr Unterbewusstsein
gerade noch tragbar sein –
oder es blockiert diesen Schritt
mit allen Mitteln.*

Und die Mittel, die es dabei zur Verfügung hat, sind gewaltig. Über das autonome Nervensystem kann es Sie sogar völlig aus dem Verkehr ziehen und z. B. in eine Ohnmacht fallen lassen. Angst macht immer eng und auch die Blutgefäße können sich dabei so weit verengen, dass die Hirndurchblutung gestört ist.

Keine Panik, die Ohnmacht legt Sie augenblicklich flach und durch den flach liegenden Körper bekommt das Hirn dann wieder ausreichend Sauerstoff. Das Herz muss das Blut nicht mehr durch die verengten Gefäße einer aufrecht stehenden Säule pumpen, horizontal läuft alles viel leichter. Ein wunderbarer Schutzmechanismus!

Das Unterbewusstsein blockiert nicht etwa aus Bosheit, wir haben darüber gesprochen, es will Sie einfach nur schützen, es will Sie vor einem – aus seiner begrenzten Sicht – nicht kalkulierbaren Risiko bewahren. Sie haben damit so etwas wie einen ungebetenen Aufpasser.

Nun wird mancher Leser denken, dass man z. B. für eine Veränderung seines Verhaltens dann ja wohl Ewigkeiten benötigen wird, wenn solche Änderungen immer nur in Minischritten möglich sind. Vorsicht, Irrtum!

Niemand hindert Sie daran, an einem einzigen Tag gleich mehrere Minischritte zu gehen, die sich dann am Ende des Tages zu einem recht beachtlichen Schritt summieren können.

Wichtig ist allein, dass der unmittelbar vor Ihnen liegende Schritt für Ihr Unterbewusstsein gerade noch machbar ist. Mit einem zu großen Schritt und dem daraus resultierenden Scheitern würden Sie lediglich das alte System stärken. Auch darüber haben wir schon gesprochen.

Die Software Ihres Unterbewusstseins ist über den gesamten Zeitraum Ihres bisherigen Lebens mehr oder weniger zufällig entstanden. Wenn Sie nun bewusst und konzentriert jeden Tag den Umbau in kleinen Schritten betreiben, können Sie – im verhältnismäßig kurzen Zeitraum eines halben Jahres – höchst erstaunliche Resultate erzielen.

Einen schnelleren Weg kann ich Ihnen nicht anbieten. Wenn Ihnen jemand etwas anderes verspricht, ist das höchst verantwortungslos. Ein Scheitern ist vorprogrammiert. Und noch einmal:

Jedes Scheitern in der neuen Richtung verstärkt das alte System.

Ich habe es ja versucht, es geht wirklich nicht. Resignation und Selbstzweifel sind die Folge. Im Prinzip haben Sie mehr Schaden angerichtet als Nutzen erzielt.

48

Wenn Sie also bisher, trotz der Erkenntnisse Ihres Verstandes und trotz aller festen Vorsätze und Bemühungen, kaum vorangekommen sind und immer wieder in alten Mustern und Ängsten stecken blieben, dann hat dies weder etwas mit einem schwachen Willen noch mit mangelnder Bereitschaft zu tun.

Sie haben lediglich die falschen Techniken angewendet und hatten deshalb nie eine echte Chance.

5

Die richtige Arbeitsebene wählen

Wenn Sie im Erdgeschoss eines Hauses ein Problem in der Bausubstanz, im Leitungssystem oder sonst wo haben, dann ist es relativ sinnlos, Ihre Bemühungen zur Behebung dieses Problems auf einer anderen Ebene als dem Erdgeschoss anzusetzen. Wir haben das schon in unserer einleitenden Betrachtung so gesagt. Sie bohren und hämmern an der falschen Stelle und richten womöglich mehr Schaden als Nutzen an.

Auch unser Unterbewusstsein ist durchaus mit dem Erdgeschoss oder besser noch mit dem Keller eines Hauses vergleichbar. Bitte schauen Sie sich dazu noch einmal mein Modell der drei Ebenen an.

Unser Verstand weiß ja, was wir ändern möchten, was wir in Zukunft besser und richtig machen wollen, nur kommt er gegen die mächtigen Fundamente unseres Unterbewusstseins nicht an. Das Lebensgerüst, das wir uns aufgebaut haben, beruht auf diesen Fundamenten. Auf der Ebene dieser Fundamente also müssen wir ansetzen.

Nun habe ich gesagt, dass unser Unterbewusstsein lediglich die Intelligenz eines Schuhkartons besitzt. Das, was sich in diesem Schuhkarton befindet, das, was dort einsortiert wurde und prägende Eindrücke hinterlassen hat, ist mit der Zeit zu einer unumstößlichen Wahrheit geworden, die nicht mehr in Frage gestellt wird.

Wenn wir diese Wahrheit ändern wollen, geht dies nur über die systematische Einlagerung zunächst nur geringfügig modifizierter Wahrheiten, bis dann durch die Einlagerung immer weiter modifizierter Wahrheiten eine neue Wahrheit entstanden ist, die mächtiger ist als die alte.

Wenn wir uns dann dazu auch noch der Sprache des Unterbewusstseins bedienen, wenn wir versuchen, auf die Besonderheiten dieser Ebene einzugehen und sie dabei nicht überfordern, werden wir Erfolg haben. Verzeihung, dass ich das immer wieder so betone. Es ist elementar wichtig, dass Sie dies wirklich verinnerlichen, oder Sie haben keine echte Chance.

Du musst die Menschen lieben, die du ändern willst.

Das Gegenteil von Liebe ist Hass. Liebe öffnet, Hass verschließt. Liebe und Verständnis sind eine Arbeitsplattform, auf der ich nahezu alles erreichen kann, Hass dagegen ist eine Plattform, auf der alles erstarrt.

Dies gilt auch für unser Unterbewusstsein. Das heißt, wir müssen eine Arbeitsplattform finden, die nicht Konfrontation bedeutet, sondern ganz im Gegenteil von gegenseitigem Verständnis und einem wirklichen Aufeinanderzugehen geprägt ist.

Wir haben ja auch keinerlei Grund, unserem Unterbewusstsein böse zu sein. Es tut lediglich sein Bestes und will uns aufgrund seiner Erfahrungen vor erneutem Schaden oder gar schmerzhaften Erfahrungen bewahren. Also warum dann einen Krieg gegen dieses Unterbewusstsein führen?

Das einzige Problem dabei ist, dass wir mit unserem Verstand eine ganz andere Vorstellung von dem haben, was zu unserem Nutzen

52

und was zu unserem Schaden ist, wovor wir geschützt werden wollen und wovor nicht.

Wir verfügen über die notwendige Intelligenz, solche Überlegungen anzustellen, für unser Unterbewusstsein dagegen, zählt nur die erlebte und aufgezeichnete Erfahrung. Und zwar nicht der objektive, sondern lediglich der rein subjektiv erlebte Inhalt.

Wenn Sie z. B. Angst vor Hausspinnen haben (in dem Fall redet man dann wieder von einer Phobie), dann weiß Ihr Verstand sehr wohl, dass Ihnen diese kleinen zerbrechlichen Tierchen auf bindfadenstarken Beinchen nichts anhaben können. Eine Vogelspinne wäre da schon etwas Handfesteres, aber auch die tut Ihnen nichts, solange Sie ihr nichts tun.

Aber was nutzt Ihnen die weise Erkenntnis Ihres Verstandes? – gar nichts! Wenn Sie eine Spinne sehen, egal welcher Größe, werden Sie so reagieren, wie Sie immer reagiert haben, gleichgültig, zu welchen Erkenntnissen Ihr Verstand zuvor gekommen sein sollte.

Sie können mit Ihrem Verstand nicht beschließen, keine Angst zu haben. Ihr Unterbewusstsein lacht nur darüber!

Denn für Ihr Unterbewusstsein ist eine Spinne nicht das, als was Ihr Verstand sie sieht. Für Ihr Unterbewusstsein ist die Spinne vielmehr ein Symbol, das Angst oder Ekel auslöst und weit in den archaischen Bereich hineingeht.

Das Unterbewusstsein bedient sich einer Symbolsprache, der Verstand hingegen einer auf Logik aufgebauten Sprache.

Zumindest sollte er das, woran man bei einigen Zeitgenossen durchaus Zweifel haben kann. Wenn die Kommunikationsebenen nicht übereinstimmen, reden wir aneinander vorbei und haben nicht die geringste Chance eines wirklichen Verstehens.

Ich selbst habe z. B. keinerlei Angst oder Ekel vor Spinnen. Ich beobachte sie interessiert, rede mit ihnen und lasse sie sogar über meine Hand oder meinen Arm laufen. Wenn es mir dann reicht, danke ich für ihren Besuch und setze sie mit der Bemerkung, dass sie sich leider den falschen Lebensraum ausgesucht haben und ich diesen Raum ganz alleine für mich beanspruche, wieder ins Freie.

Bin ich nun besser oder gar klüger als andere? Nein! In meinem Unterbewusstsein fehlt lediglich eine Aufzeichnung, die eine entsprechende Angst oder gar Ekel vor Spinnen auslösen könnte. Keinesfalls mein Verdienst!

Nun möchte ich zunächst einmal, dass Sie Ihr Unterbewusstsein personifizieren. Dass Sie eine bildhafte Vorstellung davon entwickeln, wie Ihr Unterbewusstsein aussehen könnte.

Absolut unlogisch – oder? Kein Mensch weiß, wie das Unterbewusstsein aussieht!

Aber gerade in dieser Unlogik liegt die Chance – nicht in der Logik.

Das Unterbewusstsein ist fernab jeder Logik. Ich darf Ihnen dazu ein Beispiel aus meiner Praxis erzählen, das Sie sehr schnell erkennen lässt, wozu ich Sie verleiten möchte.

Als ich für eine Weile in Düsseldorf praktizierte, konsultierte mich eine Frau aus Leverkusen, die eine panische Angst davor hatte, unter einer Brücke, durch eine Unterführung oder gar durch einen Tunnel

54

zu fahren. Sie hatte sich einen abenteuerlichen Weg zu ihrer Arbeitsstelle ausgesucht, der absolut brücken-, unterführungs- und tunnelfrei war. Insofern hatte sie das tägliche Problem gelöst, wenn sie nicht auch dann und wann einmal unbekannte Strecken hätte fahren müssen.

Schon allein die Vorstellung, dabei z. B. in einem Stau unter einer Brücke oder gar in einem Tunnel stehen bleiben zu müssen, löste bei ihr sofort körperliche Reaktionen aus: Schweißausbruch, Herzrasen, Panik. Als Brücke galt dabei bereits eine eingleisige Straßenbahnüberführung, die man normalerweise nicht einmal wahrnehmen würde.

Absolut unlogisch – oder? Die Chance, einen Lotto- Jackpot zu knacken, ist wahrscheinlich größer als die Chance, in einem Stau unter einer Straßenbahnüberführung zu stehen, die dann genau in diesem Moment einstürzt. Aber was nutzt auch in so einem Fall die Logik?

Sie berichtete, dass die Angst ihr in den Nacken kroch und sie nahezu lähmte, wenn in ihr die Befürchtung auftauchte, dass eines dieser Überführungs- oder Brückenungeheuer vor ihr auftauchen könnte. Sie fühle sich dem dann völlig ausgeliefert und könne sich nicht wehren!

Ich habe sie dann gefragt, wie das, was ihr da in den Nacken kroch, wohl aussehen könnte. Sie wusste darauf keine Antwort und wir haben dann versucht, gemeinsam ein Bild zu entwickeln, und sind bei unseren Bemühungen beim Bild eines kleinen, dreckigen, hässlichen und verlausten Straßenköters angelangt. So empfand sie jedenfalls das, was sie da bedrohte, und so benannte sie es auch.

Ein erster entscheidender Schritt. Sobald wir eine bildhafte Vorstellung von etwas haben, das uns bedroht, können wir besser damit umgehen, als wenn etwas völlig nebulös und in keiner Weise fassbar ist.

Das Unfassbare und Gesichtslose strahlt ein größere Bedrohung aus als das, von dem wir eine bildhafte Vorstellung haben.

Ich habe die Dame dann gebeten, so gut es ging, ein Bild von diesem kleinen, dreckigen, hässlichen und verlausten Straßenköter zu malen. Die Darstellung war wirklich alles andere als sympathisch, was ich eigentlich nicht so gut fand, aber sie fühlte sich nicht in der Lage, ihn irgendwie freundlicher darzustellen.

Das ist eigentlich nicht mit dem Prinzip zu vereinbaren, das ich vorher aufgezeigt habe: „Du musst die Menschen lieben, die du ändern willst." Aber gehen wir zunächst einmal weiter. Sie steckte ja bereits in diesem Kampf, die Fronten waren völlig verhärtet und sie konnte sich nicht vorstellen, mit diesem Straßenköter irgendwann einmal Frieden zu schließen.

Nun, erstaunlicherweise ging es auch mit diesem Bild, und zwar funktionierte es folgendermaßen: Wenn immer sich eine bedrohliche Situation in Form einer Überführung, eines Tunnels und dergleichen näherte, stellte sie sich vor, diesen kleinen Unhold in die neben ihr liegende Handtasche, eine Einkaufstüte, das Handschuhfach oder sonst irgendwo hineinzustecken, wo er nichts sehen, ihr somit auch nicht in den Nacken kriechen und vor allem keine Angst auslösen konnte. Die komplette Unlogik! Sie trennte sich sozusagen von dem, was da Angst hatte.

„Er hat Angst, nicht ich."

Sie sperrte ihn, der die Angst auslöste, einfach weg, und zwar tat sie dies absolut ernsthaft. Für sie war das, was sie da tat, die absolute Wahrheit. Sie redete mit ihm, öffnete tatsächlich die Handtasche, das Handschuhfach oder dergleichen und sperrte ihn dann in die Dunkelhaft. Selbst schuld!

Natürlich spielte sich das – außer dem Öffnen des Handschuhfachs, der Einkaufstüte usw. – nur in ihrer Vorstellung ab, aber diese Vorstellung hatte die Chance, ebenso zur Wahrheit zu werden, wie die Vorstellung, die die Angst auslöste, mit der Zeit zur Wahrheit geworden war. So stimmten wiederum die Arbeitsebenen überein.

Unsinn, werden Sie denken. Ja, absoluter Unsinn sogar, wenn wir es mit unserem rationalen Verstand betrachten, aber auch das Unterbewusstsein ist manchmal absolut unsinnig und genau dieser Unsinn führte bei der Dame nach einigem Training zum Erfolg.

Ihre Meisterprüfung bestand dann darin, durch einen Tunnel unter dem Rhein hindurchzufahren, der die beiden Stadtteile Oberkassel und Altstadt verbindet. Die gesamte Menge Wasser und die schwer beladenen Schiffe über ihrem Kopf – das wäre normalerweise eine Vorstellung gewesen, die wahrscheinlich einen Kollaps bei ihr ausgelöst hätte. Nicht so an diesem Tag.

Kurz vor dem Tunnel bog sie auf der Oberkasseler Rheinseite in eine kleine Seitenstraße ein, stieg aus, ging zur Rückseite des Autos, öffnete den Kofferraum, sperrte ihren Quälgeist unter lautem Zuschlagen des Kofferraumdeckels in die Dunkelhaft, stieg wieder ein, drehte das Autoradio auf volle Lautstärke, sodass sie sein eventuelles Protestgeschrei nicht hören konnte, wendete und fuhr fröhlich pfeifend durch den Tunnel direkt zu mir in die Praxis.

Sie hatte es geschafft. Die Belohnung war ein wohlverdientes Gläschen Sekt, von dem ihr bisheriger Quälgeist natürlich auch einen Schluck abbekam.

Selbstbetrug, könnte man auch sagen. Richtig, aber auch die Angst ist nichts anderes als Selbstbetrug und Betrügern begegnet man in so einem Fall am besten auf der gleichen Ebene.

Nun möchte ich allerdings, dass Sie sich ein etwas freundlicheres Bild von dem Begleiter entwickeln, der Ihnen als Angst oder Blockade zu schaffen macht, und dazu fiel mir etwas ein, was in

57

meiner bayerischen Wahlheimat und teilweise auch in Tirol beheimatet ist: Der Wolpertinger. Was das ist, muss ich Ihnen natürlich erklären:

Der Wolpertinger ist so etwas wie eine zoologische Sensation, hat er doch die Merkmale gleich mehrerer Tierarten in sich vereint. Er ist ein vorwiegend nachtaktives Tier, scheut das Tageslicht und ist deshalb nur selten zu sehen oder gar zu erjagen. Trotzdem gehen immer wieder einige Exemplare in Fallen und Netze, die ausschließlich bei Vollmond und am besten von einer Jungfrau aufgestellt werden sollten.

Er zählt zu den gefährdeten Tierarten und es empfiehlt sich, ihn keinesfalls zu reizen. Fühlt er sich angegriffen, beißt er ohne Zögern zurück, und das vorwiegend in die Waden eines Menschen.

Letztlich deshalb trägt man in Bayern – aus Angst vor solchen Bissen – selbst in den Großstädten, wie hier beim jährlichen Trachtenumzug in München, den sonst nirgendwo anders bekannten Wadl-Schutz. Vielleicht haben Sie sich schon immer gewundert, was dieses seltsame Kleidungsstück soll, jetzt wissen Sie es endlich.

Typisch bayerischer Wolpertinger-Schutz

58

Es ist z. B. auch absolut davon abzuraten, in seiner Gegenwart über den immer noch allseits geliebten bayerischen König Ludwig zu lästern oder die bayerischen Landesfarben als blau-weiß statt weiß-blau zu bezeichnen.

Haben Sie ihn trotzdem gegen sich aufgebracht, können Sie ihn nur noch mit Gemsen-Eiern, seinem Lieblingsgericht, besänftigen. Hier stelle ich Ihnen nun eines dieser seltenen Exemplare in Nahaufnahme vor, das mir ins Netz bzw. richtig, in einen aufgestellten Kartoffelsack gegangen ist.

Wie ich gesagt habe, besitzt solch ein Wolpertinger die typischen Merkmale gleich mehrerer Tierarten. Sein Körper ist eine Mischung aus Fell und Federn und seine Flügel befähigen ihn durchaus zu einem – wenn auch nur kurzen – Abheben.

In unserem Fall besitzt er weiterhin ein rehtypisches Geweih zur aktiven Abwehr und dazu die hochempfindlichen Lauscher eines Wildschweins. Sein ewig plappernder Schnabel hat mit der Zeit die Form eines Entenschnabels angenommen, und was Sie in dieser seltenen Nahaufnahme noch nicht sehen können, sind seine krallenbewehrten Füße, mit denen er seinen Standpunkt verteidigt und die ich Ihnen später noch zeigen werde.

Lassen Sie sich nicht von seinen freundlichen, offenen und manchmal sogar etwas traurig dreinblickenden Augen täuschen. Seine aufmerksame Beobachtung all dessen, was um ihn herum vorgeht, lässt keine Sekunde nach, denn er hat Angst, will sich schützen und kann deshalb kein Risiko eingehen.

Was empfinden Sie dabei? Könnte das die Figur sein, die Sie mit Ihrem Schuhkarton identifizieren, die Sie liebevoll an die Hand nehmen und langsam zu einer anderen Wahrheit führen, geduldig, verständnisvoll, nicht überfordernd?

Sie hat alles, was Ihr Unterbewusstsein auch hat. Sie ist feige, manchmal mutig, manchmal störrisch, launisch, hat Angst und weigert sich deshalb, bestimmte Dinge zu tun oder auch nur zuzulassen.

Dieser Wolpi, wie Sie ihn vielleicht nennen könnten, geht niemals schlafen und ist deshalb vor allem in der Nacht aktiv, wenn Ihr Bewusstsein ein Nickerchen macht und nicht aufpasst. Dann fühlt er sich so rundherum wohl und tobt sich auch in Ihren Träumen aus.

Vielleicht ist Ihnen das alles zu unernst und in einer Ausbildung als Arzt, Psychiater, Psychologe oder Psychotherapeut wird so etwas auch nicht unbedingt gelehrt und als kassenärztliche Therapie ist es schon gar nicht zugelassen.

Schließlich sind Ängste und Blockaden, die uns in unserem Leben so unangenehm zu schaffen machen, doch etwas sehr Ernstes und bedürfen einer wissenschaftlich fundierten Behandlung. Sicher gibt es auch entsprechende Medikamente, die man schlucken könnte, so wie es ja z. B. auch etwas gegen Seekrankheit und Flugangst gibt.

Na, dann schlucken Sie mal schön, Ihr Wolpi hat dafür nur ein müdes Lächeln oder bekommt höchstens einmal einen Schluckauf. Seine einmal gefundenen Wahrheiten werden Sie durch Schlucken einer Pille nicht beeinflussen können.

60

Ich garantiere Ihnen,
je ernster Sie seine Marotten nehmen,
je mehr Sie Ihr Leben nach
seinen Marotten ausrichten,
umso breiter wird er sich machen.

Je mehr Sie mit ihm kämpfen, desto mehr wird er sich wehren und festkrallen. Ach ja, ich wollte Ihnen ja auch noch seine Krallen zeigen:

6

Die praktische Arbeit mit Wolpi

Einen ersten Eindruck von einer solchen Arbeit haben Sie bereits durch das Beispiel gewonnen, das ich Ihnen von der Dame mit der Angst vor Überführungen, Brücken und Tunneln erzählt habe. Kein perfektes Beispiel, obwohl es dann letztlich doch zum Erfolg führte. Für mich war es der Anfang einer therapeutischen Technik, die ich mit der Zeit immer mehr ausgebaut und dann auf den unterschiedlichsten Feldern angewandt habe.

Diese Technik hat folgenden Kern:

Nicht mit dem Problem identifizieren – Abstand nehmen und draufschauen – liebevoll annehmen und helfen.

Was bedeutet aber nun „nicht identifizieren"?

Wenn ich ein Problem habe, z. B. krank bin, wenn ich Angst habe, wenn ich überzeugt bin, etwas nicht zu können usw., dann besteht der erste Schritt zur Besserung darin, dass ich mein Ich auf gar keinen Fall mit diesem Problem identifiziere.

Eine solche Identifizierung erfolg schon allein dadurch, dass ich sage: „Ich" bin krank, „ich" habe Angst, „ich" bin überzeugt, etwas nicht zu können usw.

Aber warum sage ich so etwas? Die Wahrheit, z. B. im Falle einer Erkrankung, ist doch, dass lediglich eine bestimmte Stelle meines Körpers, ein bestimmtes Organ erkrankt oder eine gewisse Funktion erkrankt und damit eingeschränkt ist.

Halten Sie dies bitte nicht für Wortklauberei. Das Identifizieren oder Nichtidentifizieren mit einem Problem hat eine ganz entscheidende Bedeutung. *Bin* ich etwas oder *habe* ich etwas? *Bin* ich krank oder *habe* ich eine Erkrankung?

Mit dem, was ich habe,
kann ich bestimmen,
wie ich damit umgehe.

Das aber, was mich hat,
geht mit mir um.

Ich habe diesen entscheidenden Arbeitsansatz im Falle einer Erkrankung bereits in meinem Buch „Sprechstunde mit dem inneren Arzt" ausführlich dargelegt und möchte mich deshalb hier allein auf unser Thema „Ängste und Blockaden" konzentrieren.

Wenn an Ihrem Auto der linke Kotflügel eingedrückt ist, dann ist doch nicht das Auto, sondern lediglich der linke Kotflügel kaputt. Das Auto ist nach wie vor heil, Sie können damit sogar in die Werkstatt fahren, den Kotflügel reparieren lassen oder selbst versuchen, den Schaden zu beheben.

Alles, was Sie als „Ich" bezeichnen,
ist etwas, was der
Schuhkarton Ihres Unterbewusstseins
Ihrer Persönlichkeit fleißig hinzuaddiert.

64

So kann selbst Krankheit zu einem Teil des Ego-Ichs werden, und diesen Teil des Ichs werden Sie dann ebenso schlecht wieder los, wie Sie Ängste und Blockaden, die Sie fälschlicherweise mit Ihrem Ich verbunden haben, wieder los werden.

Achten Sie auf die Sprache anderer Menschen und achten Sie vor allem auf Ihre eigene Sprache. Wenn Sie sich z. B. dabei ertappen, dass Sie wieder einmal kundtun, „Ihre Kopfschmerzen", „Ihre Rückenschmerzen" oder Ähnliches zu haben, dann sind Sie auf dem besten Weg, diese Probleme nicht mehr los zu werden. Es sind ja „Ihre" …, Sie haben sie sozusagen adoptiert. Sie sind zu Ihrem Eigentum geworden, und wer gibt schon gerne sein Eigentum her?

Natürlich sind das Mechanismen, die lediglich auf der unbewussten Ebene ablaufen. Mit dem Verstand würden Sie solch belastendes Eigentum natürlich sehr gerne abgeben.

Nicht ich habe Angst, lediglich mein Wolpi hat Angst. Ich nehme ihn liebevoll an die Hand und helfe ihm, seine Angst zu überwinden.

Nicht ich glaube etwas nicht zu können, lediglich mein Wolpi glaubt etwas nicht zu können, und ich werde ihm behutsam zeigen, dass er es doch kann.

Ich hoffe, Sie fühlen den entscheidenden Unterschied.

**Erst durch die Trennung von
Ich und Problem
entsteht jene Arbeitsplattform,
auf der Sie etwas ausrichten können.**

Ich mit ich, wie sollte das gehen? Hier stehen sich zwei Ichs gegenseitig im Wege, und in diesem Fall siegt immer und ausschließlich Ihr Schuhkarton. Etwas Erfreulicheres kann ich Ihnen leider nicht mitteilen.

Stellen Sie sich vor, Sie haben ein Kind, das Angst hat, das glaubt, bestimmte Dinge nicht schaffen zu können oder zu bestimmten Dingen gar nicht fähig zu sein. Was würden Sie tun, um diesem Kind zu helfen?

Im Prinzip hätten Sie drei Möglichkeiten:

Sie können als Erstes versuchen, dem Kind auf der logischen Ebene klar zu machen, dass es keinerlei Grund hat, Angst zu haben, dass es auch keinen Grund hat zu glauben, dass es etwas nicht schaffen kann usw.

Das Kind wird Ihnen wahrscheinlich brav zuhören, innerlich bereits hoffend, dass Sie mit Ihren Erklärungen bald fertig sind. Vielleicht sogar höflich sagen, dass Sie Recht haben, dass es alles verstanden hat, und trotzdem wird das an der Angst oder an den Blockaden des Kindes nichts ändern.

Sie haben auf der falschen Ebene gearbeitet, obwohl Sie sich doch so viel Mühe gegeben haben. Sie haben auf der Verstandesebene argumentiert, das Problem aber lag auf der unbewussten Ebene.

Nun hätten Sie natürlich auch die Möglichkeit, das Kind gewaltsam oder mit List und Tücke in eine Situation zu bringen, vor der es Angst hat, ausschließlich in der Hoffnung, dass es dabei vielleicht erkennt, dass die Angst völlig unbegründet war.

Natürlich wollen Sie das Kind nicht quälen, natürlich haben Sie nur sein Bestes im Sinn. Ein Schuft, der Ihnen etwas anderes unterstellen würde. Sie hoffen ja, dadurch das Problem zu lösen. Na, dann hoffen Sie mal schön, aber leider hoffen Sie völlig vergebens.

Sie hätten mit einer solchen Aktion nicht nur die ursprüngliche Angst vergrößert, Sie hätten auch noch eine neue Angst hinzugefügt. Nämlich die Angst des Kindes davor, dass Sie so etwas erneut planen und es wieder in die angstauslösende Situation bringen. Sie haben

66

das so wichtige Vertrauen des Kindes zerstört. Sie sind vom Freund zum Feind mutiert. Das Kind wird sich Ihnen kaum noch öffnen.

Wie wäre es aber damit?

Ich versteh dich, ich mag dich,
du musst nicht, ich helfe dir!

Da führt keiner kluge Reden, da zwingt mich keiner in eine Situation, vor der ich Angst habe, da mag und versteht mich jemand und will mir helfen.

Das ist die Arbeitsbasis, die Sie brauchen,
das ist die Chance,
auch an das heranzukommen, was
normalerweise verschlossen bleibt.
Dies ist die öffnende Zauberformel.

Das Kind ist ja nicht aus Sturheit oder Unbelehrbarkeit verschlossen, es ist lediglich der Schutzmechanismus seines Unterbewusstseins, der es so unzugänglich macht. Der Schuhkarton hat den Deckel zugemacht – mehr nicht. Erkennen Sie den entscheidenden Unterschied?

Die von mir geforderte Trennung von Ich und Problem ist notwendig, um diese fruchtbare Arbeitsplattform überhaupt erst erreichen zu können.

Aber verstehen Sie dies bitte nicht falsch, die Trennung vom Problem bedeutet noch nicht die Lösung des Problems. Die Trennung bietet lediglich eine bessere Chance zur Lösung des Problems. Die kontinuierliche Arbeit am Problem bleibt Ihnen dadurch keineswegs erspart, sie gestaltet sich aber wesentlich einfacher.

Also schauen Sie sich die Figur, die Sie nach meinem Vorschlag als Problemverursacher identifizieren sollten, Ihren Wolpi, noch einmal etwas genauer an.

Er hat Angst und man sieht diese Angst sogar in seinen Augen. Er glaubt etwas nicht zu können, niemals zu erreichen usw. Er ist Ihnen zugelaufen, zugeflogen, vor Ihrer Tür ausgesetzt worden, durch den Briefkastenschlitz gekrochen. Sie haben sich ihn nicht freiwillig ausgesucht und trotzdem können Sie ihn jetzt nicht so einfach abschütteln. Er ist mehr als anhänglich.

Er ist da, er begleitet Sie, er schläft in Ihrem Bett, begleitet Sie in Ihren Träumen, hockt auf Ihrem Schreibtisch, sitzt in Ihrem Auto, hockt in der Küche und badet sogar völlig ungeniert mit Ihnen.

68

Er kriecht in Ihre Hosentasche, in Ihren Kragen, unter Ihren Hut, und auch wenn Sie telefonieren, hört er interessiert mit und versucht Ihnen dann bestimmte Dinge zuzuflüstern. Vom Telefongeheimnis hält Wolpi rein gar nichts.

Was auch immer Sie tun,
wo immer Sie auch sind,
Wolpi ist schon da.

Erschreckt Sie das? Warum eigentlich? Dass er überall dabei ist, bringt doch auch gleichzeitig die Chance, überall mit ihm zu arbeiten. Stellen Sie sich vor, Sie müssten ihn immer erst suchen.

Wenn Sie Freundschaft mit ihm schließen, wenn Sie Verständnis für ihn zeigen, wenn Sie ihn liebevoll annehmen, wird er mit der Zeit zu einem zahmen und folgsamen Haustier.

Wenn Sie ihn hassen, wenn Sie ihn bekämpfen, wenn Sie ihn vernichten wollen, wird er auch umgekehrt Sie hassen, bekämpfen und vernichten wollen.

Aber auch das bitte nicht missverstehen. Freundschaft bedeutet nicht, dass Sie tolerieren, was er so treibt, es bedeutet lediglich, dass sie verstehen, warum er so ist, wie er ist, warum er Angst hat usw.

Auch liebevoll annehmen bedeutet nicht, dass sie einfach hinnehmen, was er Ihnen bietet. Ganz im Gegenteil, Sie beginnen ein systematisches Training mit ihm – liebevoll – verständnisvoll – geduldig!

Bisher durfte er sich ungehemmt austoben. Er hat mehr über Sie bestimmt, als dass Sie über ihn bestimmt hätten. Er hat Sie an der Leine geführt, statt dass Sie ihn an der Leine geführt haben. Er hat bestimmt, wo es lang geht, er hat bestimmt, was Sie können oder nicht können, was Sie sich zutrauen oder nicht zutrauen.

Sie können das nicht von heute auf morgen völlig ändern. Sie können das nur Schritt für Schritt ändern.

Dabei sollten Sie sich beide nicht überfordern. Es geht nur in Teamarbeit. Aber so unnahbar und unnachgiebig sieht er doch gar nicht aus, Ihr Geweih tragender, mit Schweinsöhrchen bewehrter und Flügel ausbreitender Entenschnabel. Er braucht Ihre Hilfe und Ihr Verständnis, nicht Ihren Zorn.

Er hat Erfahrungen gemacht, die er nicht noch einmal machen möchte. Er fühlt sich Ihnen zugehörig und möchte deshalb auch Sie vor solchen Erfahrungen bewahren. Er hat Angst und diese Angst überträgt sich auf Sie. Wenn Sie es schaffen, ihm diese Angst zu nehmen, kann sich auch keine Angst mehr übertragen.

Es ist seine Angst, nicht Ihre Angst.
Machen Sie sich das immer wieder bewusst.
Führen Sie ihn behutsam aus seiner Angst.

70

Ich denke, es ist nun an der Zeit für ein paar konkrete Beispiele.

Jutta, 35, verheiratet, zwei Kinder, Hausfrau, hat Angst, den an sie gestellten Anforderungen nicht zu genügen. Sie empfindet sich als eine schlechte Mutter, die ihren Kindern zu wenig gibt, sie empfindet sich als schlampige Hausfrau und rechnet fest damit, dass ihr Mann bereits eine Freundin hat oder bald haben wird, da es ja mit ihr wohl kaum auszuhalten ist und sie sich selbst auch völlig unattraktiv vorkommt.

Die Folge:

1. Sie überbemuttert ihre Kinder, so dass diese jede Gelegenheit nutzen, sich ihr zu entziehen, was sie dann wiederum als Beweis ihrer Unzulänglichkeit ansieht. Der typische Kreisverkehr!

2. Im Haus wird sie zu einem ständig aufräumenden und ordnenden Putzteufel, so dass auch ihr Mann das häusliche Umfeld immer mehr flieht, was sie auch wieder als Beweis ihrer Unzulänglichkeit ansieht. Der nächste Kreisverkehr!

3. Gemeinsame Aktivitäten, Freundesbesuche usw. versucht sie mit allen Mitteln zu vermeiden, da sie ja weiß, wie unattraktiv, unzulänglich und ungebildet sie ist, was ja schließlich jeder gleich merkt.

Nun interessiert mich in solchen Fällen zunächst einmal immer, wie diese Scheinwahrheiten entstanden sind. In solchem Erkennen liegt zwar noch nicht die Lösung, aber zumindest kann daraus jenes Verständnis erwachsen, das wir für eine erfolgreiche Arbeit an solchen Problemen benötigen.

Der Hintergrund war folgender: Sie war als das genaue Gegenteil dessen, was man als Wunschkind bezeichnen würde, geboren worden. Sie wurde mehr als Unglück angesehen, das man irgendwie zu tragen hatte. Trotzdem konnte man der Mutter nicht vorwerfen, sie etwa vernachlässigt zu haben. Sie wurde korrekt gebadet, korrekt gefüttert, korrekt … korrekt … korrekt …

71

Was sie hingegen nie spürte, war Liebe, Zärtlichkeit, war das Gefühl, angenommen zu sein, ihren Platz gefunden zu haben und sich voller Vertrauen fallen lassen zu können. Sie wuchs damit ohne die so wichtige Basis des Urvertrauens auf, über die wir ja schon gesprochen haben und die ich auch in anderen Büchern behandelt habe.

Sie hatte das untrügliche Gefühl, sich alles erst verdienen zu müssen, besser sein zu müssen als andere, und vor allem, den an sie gestellten Anforderungen hundertprozentig gerecht werden zu müssen. Dazu gehörte es natürlich auch, in ihrer Kindheit mit schulischen Bestnoten aufzuwarten, um zu beweisen, dass man sie vielleicht doch lieb haben könnte, doch zufrieden mit ihr sein könnte usw.

Eine Lebensplattform, die ich in meiner täglichen Praxis leider sehr häufig antreffe. Bei Jutta war es die Plattform, auf der sich ihr Schuhkarton gefüllt und aus dem ihr Wolpi sich dann ernährt hatte.

Hier kannte er sich aus, hier hatte er seine Erfahrungen gemacht, hier hatte er sein Selbstbild gewonnen, hier hatte er zu seinen Wahrheiten gefunden, hier war er verletzt worden, und so tat er alles, um weitere schmerzhafte Verletzungen zu vermeiden.

Als Jutta in einer tränenreichen Sitzung erkannte, was ihren Wolpi so sein ließ, wie er nun einmal war, wuchs dabei auch jenes wichtige Verständnis, das zu einer erfolgreichen Umerziehung dieses seltsamen Vogels unbedingt notwendig war.

Sie war nun bereit, ihn anzunehmen, sie erkannte, dass er ihr nichts Böses wollte, dass er es einfach nicht besser wusste, dass er sich nicht einmal vorstellen konnte, ohne ganz besondere Anstrengungen in irgendeiner Weise genügen zu können.

Ihr Wolpi hatte sie mit seinen Wahrheiten in eine Welt manövriert, an der niemand mehr teilnehmen konnte, in der niemand sie verstehen konnte, ja, in der sie inzwischen nicht einmal mehr sich selbst verstand.

So ging sie zunächst einmal auf die so wichtige Distanz zu ihm. Sie ging in die Position eines Beobachters, betrachtete ihn von außen, beobachtete sein Treiben und griff dann ein, wenn es ihr zu bunt wurde.

Dazu bedurfte es natürlich einiger Stunden der Zusammenarbeit in meiner Praxis und in aktuellen Fällen auch eines direkten telefonischen Kontakts. Sie achtete immer streng darauf, ihren Wolpi nicht zu überfordern und immer nur einen kleinen Schritt von ihm zu erwarten, was ich ihr ganz besonders ans Herz gelegt hatte.

Zur Verdeutlichung möchte ich Ihnen eine Zwiesprache zwischen den beiden schildern, die ungefähr so abgelaufen sein muss, als es darum ging, eine Elternversammlung der Schulklasse ihres Jüngsten zu besuchen.

Wolpi: Das ist was für Männer, das kannst du nie, du wirst dich blamieren, da gehört der Vater hin, andere Väter kommen doch auch, wenn man ihn braucht, ist er wieder einmal nicht da, was werden die Leute von dir denken … usw. usw.

Jutta: Ja, ich verstehe dich, ich weiß, was du meinst, ich weiß, dass du da nicht hingehen möchtest, aber … .

Nun begann ihr höchst taktisches Manöver: Ich gehe zumindest in die Schule hinein und bis vor die Klassentür, und wenn du damit Schwierigkeiten hast, kannst du ja auf dem Schulhof, dem Flur oder sonst wo bleiben und auf mich warten.

Wolpi: Aber du hast doch nichts zum Anziehen, wirst gegen die anderen Frauen aussehen wie eine Vogelscheuche und dich blamieren.

Jutta: Was stört es dich, wie ich aussehe, wenn du draußen bleibst?

Wolpi: Dann solltest du aber auf keinen Fall den Mund aufmachen, um dich nicht zu blamieren.

Jutta: Du wirst es ja nicht hören.

73

Wolpi: Ich will aber mit hinein.

Jutta: Dann halt die Klappe und störe mich nicht, und wenn du willst, kannst du ja in die Handtasche schlüpfen, die ich für dich offen lasse.

Wolpi: Ich weiß aber nicht, ob ich das die ganze Zeit durchhalte.

Jutta: Wenn es dir zu viel wird, geh ich halt mal zur Toilette, da kannst du dann bleiben, wenn du willst, oder wieder mit hineingehen.

Wolpi: Ich will aber nicht auf der Toilette bleiben ... usw.

Sie können sich vorstellen, welch zähes Ringen es bedeutet, einen Wolpi doch noch zu etwas zu bringen, dem er eigentlich ausweichen wollte.

Das Endresultat an diesem Abend: Sie wurde in den Elternbeirat gewählt und feierte dies wie einen Sieg. Es war ganz allein ihr Sieg, und jeder Sieg und jede Veränderung, die wir über unsere alten Verhaltensmuster erzielen, zählt mehr als jeder Sieg, den wir allein im Äußeren erringen.

Natürlich war dies nur ein Anfang. Sie können sicher sein, dass Wolpi bei der ersten anstehenden Sitzung des Elternbeirats ein ähnliches Theater aufführen wird. Allerdings hat er dabei schon wesentlich schlechtere Karten und nach einigen weiteren Sitzungen wird er brav seinen schnatternden Entenschnabel halten. Dafür gehe ich mit Ihnen jede Wette ein.

Ich möchte Ihre Aufmerksamkeit aber auch noch auf etwas anderes richten, das in solchen Fällen sehr häufig zu beobachten ist. Im Gefühl des eigenen Nichtkönnens wird die Verantwortung dafür allzu gerne auf jemand anderen übertragen. Im Beispiel von Jutta: *„Das wäre doch Männersache, da müsste er doch hin, wenn man ihn braucht, ist er wieder nicht da."*

Der Partner wurde zum Sündenbock, der Partner zog Zorn und Unzufriedenheit auf sich, obwohl doch gerade in seiner Abwesenheit

74

die Chance zur Arbeit an der geschilderten Problematik lag, was aber nicht – oder erst sehr viel später – erkannt wurde.

Also: Wolpi will eine angstauslösende Situation auf jeden Fall vermeiden, wir aber brauchen solche Situationen, um an seiner Angst arbeiten zu können.

Wir haben also völlig gegensätzliche Interessen, was wir nur dadurch überwinden können, dass wir Wolpi nur in Situationen führen, die er gerade noch mitgehen kann, ohne gleich in Ohnmacht zu fallen. Vergewaltigen dürfen wir ihn nicht.

7

Angst oder Blockade?
Weitere Beispiele aus der Praxis

Wir reden bisher so ganz selbstverständlich über Ängste und Blockaden, aber was ist denn nun der Unterscheid zwischen einer Angst und einer Blockade?

Es gibt darüber keine wissenschaftlich fundierte und allseits anerkannte Definition, was sich für mein Empfinden eher positiv als negativ auswirkt, da es das eigene Denken und Forschen nicht gleich blockiert.

Die Grenzen sind – wie immer in der Psychologie – fließend. In der täglichen Praxis wird allzu oft und allzu schnell in Schubladen einsortiert, abgestempelt, standardisiert und dann leider auch so behandelt. Manch einer wird z. B. sehr schnell zum Patienten der Psychiatrie, weil spirituelle Erlebnisse, die er hatte, nicht als solche erkannt, vorschnell als Psychosen eingestuft und dann mit den entsprechenden Medikamenten behandelt wurden.

Träumen Sie also nicht unbedingt davon, erleuchtet zu werden. Wenn Sie dabei in die falschen Hände geraten, könnten Sie sehr schnell als verrückt gelten, was Anlass sein sollte, uns einmal der tieferen Bedeutung des Wortes „verrückt" zuzuwenden.

Verrückt bedeutet ja doch nichts anderes, als dass etwas „ver"-rückt wurde. Wenn Sie z. B. einen Schrank verrückt haben, bedeutet dies, dass er nun nicht mehr genau da steht, wo er vorher stand. Sein Standpunkt hat sich sozusagen verändert.

Wenn ein Mensch als verrückt bezeichnet wird, bedeutet auch dies nichts anderes, als dass sich sein Standpunkt verändert hat. Sein Standpunkt, seine Sicht und Bewertung der Dinge stimmen nun nicht mehr mit dem Standpunkt und der Sichtweise der überwiegenden Mehrheit überein. „Der ist doch nicht mehr ganz normal", hört man dann sagen.

Ja, der ist wirklich nicht mehr ganz normal, und wenn Sie z. B. die Gnade der Erleuchtung erreichen sollte, sind Sie tatsächlich nicht mehr ganz normal – so hoffe ich jedenfalls!

Spirituelle Erlebnisse sind nicht nur angenehm, sie können auch in hohem Maße angstauslösend sein, was recht einfach zu erklären ist. Dem Schuhkarton Ihres Unterbewusstseins und damit auch Ihrem Verstand ist diese Ebene des Erlebens nicht zugänglich und somit wird sofort die höchste Alarmstufe ausgelöst. Gefahr – Gefahr – Gefahr! Wir verlieren die Herrschaft!

Ich betreue eine junge Frau, die genau mit diesen Problemen kämpft. Sie hat wunderbare Erlebnisse, sie steht ganz offensichtlich vor der letzten Tür, die sich ihr öffnen könnte, und die Angst, die sie dabei befällt, zieht sie immer wieder auf die begrenzte Ebene zurück.

Sie hat tatsächlich Angst, verrückt zu werden, sie hat Angst, dass sie niemand versteht, dass sie ihren Job verliert, dass man ihr ihre Kinder entzieht usw. Aber dies sind nur sehr wenige Fälle und so sollten wir uns wieder den alltäglicheren Dingen zuwenden.

Generell ist im weiten Feld der Psychologie eine Wissenschaft im klassischen Sinne nicht möglich. Eine klassische, wissenschaftlich fundierte Erkenntnis würde bedeuten, dass das Ergebnis einer solchen Erkenntnis jederzeit und überall unter den gleichen Bedingungen erneut erzielbar sein muss.

Wo aber die menschliche Psyche im Spiel ist, ist ebenso nichts wiederholbar, wie der Mensch selbst nicht wiederholbar ist. So beziehen sich die Erkenntnisse in diesem Bereich lediglich auf auffallende Häufigkeiten, auf ein „Fast immer so", mehr nicht.

Und so werden oft in Kliniken und Praxen Menschen nach Schubladenprinzip behandelt, ohne dass sich noch jemand die Mühe eines genaueren Hinsehens macht.

Wenn ein Mensch vor etwas Angst hat, dann ist er natürlich auf dem Feld dieser Angst gleichzeitig auch so etwas wie blockiert. Die Grenzen sind fließend. Er schafft es z.B. nicht, mit der Rolltreppe zu fahren, was ich anfangs schon einmal als Beispiel genannt habe, steht wie angewurzelt davor und kann den ersten Schritt nicht tun, obwohl sein Verstand ihm die Unsinnigkeit seines Verhaltens klar vor Augen führt. Aber was ist dabei nun Angst und was Blockade?

Das, was ich z. B. über die Angst vor Spinnen gesagt habe, wird in der Fachsprache als Phobie und nicht als Angst bezeichnet, was Sie aber weiter nicht kümmern sollte. Dem weiten Feld der Neurosen, einem neurotischen Putzzwang z. B., liegt wiederum eine direkte oder indirekte Angst zu Grunde, obwohl man dann von Neurosen und nicht von Angst spricht.

In solchen Bereichen sind alle Grenzen fließend und Sie haben nichts davon, zu wissen, wie man etwas fachlich korrekt einsortiert. Sie haben nur etwas davon, zu wissen, wie Sie ein Problem in den Griff bekommen können, wenn Sie davon betroffen sind. Mögen es die Fachgelehrten nun nennen, wie sie wollen.

Dies allein ist die Zielsetzung dieses Buches. Es ist kein psychologisches Fachbuch, könnte aber leicht zu etwas Ähnlichem werden, wenn man bereit ist, eingefahrene Autobahnen zu verlassen und kassenärztliche Gebührenziffern und ICD-Zuordnungen (International Classification of Diseases) nicht sklavisch anzuwenden.

Der Weg zur Überwindung einer Angst, einer Phobie, einer Blockade oder auch einer Neurose unterscheidet sich in meiner Arbeitsweise nur geringfügig. Meiner Arbeitsweise liegt immer die Trennung zwischen Problemträger und Problemlöser zu Grunde. Wer ist betroffen und wer schaut drauf und hilft?

Dabei können wir uns eine Kunstfigur wie den Wolpi schaffen – er hat Angst und wir helfen ihm – oder wir können diese Technik auch innerhalb unserer drei Ebenen anwenden, was wir später noch besprechen werden.

Aber schauen wir uns zunächst einmal ein wenig im Feld der Blockaden um: Eine Blockade kann mich z. B. daran hindern, zu finanziellem Wohlstand zu finden, eine Führungsposition in einer Firma einzunehmen, zu heiraten und Kinder zu kriegen usw., obwohl ich das alles gerne möchte. Ich habe also keineswegs Angst davor, ganz im Gegenteil, ich strebe es ja sogar an.

Eine Blockade kann mich z. B. zu jeder Art körperlicher wie auch seelischer Nähe unfähig machen, obwohl ich großes Verlangen danach habe und die Nähe immer wieder suche. Ich sehne den Augenblick der Nähe herbei, ich arbeite darauf hin, aber wenn er dann da ist, bin ich wieder total blockiert, erstarre zur Salzsäule oder ergreife die Flucht.

Eine Blockade kann mir die gesamte Lebenslust und Lebensfreude nehmen, wenn ich z. B. einen „strafenden Gott" fürchte. Ich tanze, lache, springe, singe, und während ich dies alles tue, fährt mir der Gedanke durch den Kopf, dass ich das sicher alles wieder büßen muss, und Leichtigkeit und Freude lösen sich augenblicklich auf.

In all solchen Fällen ist – wie gesagt – keine klassische Angst im Spiel. Ich habe keine Angst vor Wohlstand, vor einer Führungsposition, vor Nähe, vor Freude usw., ganz im Gegenteil möchte ich das ja alles erreichen, möchte es leben und erleben, möchte es auskosten und genießen, aber wenn ich dann auch nur in die Nähe meines Zieles komme, kann ich das alles leider nicht und bin total blockiert.

Es sind zwar etwas andere Mechanismen, die wirksam werden, aber was auch hier wieder einmal im Spiel ist, und zwar ebenfalls recht wirksam, ist unser wohlbekannter Freund Wolpi, wenn wir ihn

80

weiterhin als Symbol für den Schuhkarton unseres Unterbewusstseins gelten lassen wollen.

Er ist es, der uns lähmt. Er ist es, der uns erstarren lässt, und wieder einmal tut er es nicht aus Bosheit. Er will uns schützen, er will uns vor **unbekanntem** und ihm gefährlich erscheinendem Terrain bewahren. Dies ist der entscheidende Unterschied zur klassischen Angst, die in der Regel einen konkret oder auch zumindest *mental erlebten* Hintergrund hat.

Bei der Angst hat unser Wolpi in der Regel eine bedrohliche oder schmerzhafte Erfahrung – direkt oder indirekt – erlebt und gespeichert, vor deren erneutem Erleben er uns bewahren will.

Ein indirektes Erleben kann z.B. schon das Lesen einer gruseligen Geschichte in einem Kinderbuch bedeuten. Das, was in unseren Gedanken und Vorstellungen abläuft, ist für unseren Wolpi ebenso prägend wie die so genannte Realität.

Bei einer Blockade hingegen ist in der Regel keinerlei direkte oder indirekte Erfahrung gespeichert. Deshalb weiß unser Wolpi auch nicht, wie er mit einer bestimmten Situation umgehen soll. Er kann uns dafür kein Verhaltensmuster anbieten, somit auch nicht helfen und schützen, was ja immer seine Absicht ist. Er zieht uns deshalb vorsichtshalber ganz aus dem Verkehr.

„Geh da lieber nicht hin, lass das lieber nicht zu, man weiß ja nicht, man hört ja so viel, es könnte gefährlich werden, nur nicht die Kontrolle verlieren, es könnte dir später leid tun usw."

Natürlich ist auch dies nicht immer und ausschließlich so, ich höre schon einige Fachgelehrte ob meiner Darstellung aufheulen – mögen sie heulen! Eine Blockade kann natürlich auch auf Erlebtem beruhen, wenn dies – im Vergleich zur klassischen Verkettung – auch relativ seltener der Fall ist. In jedem Fall meint Wolpi es gut mit uns, obwohl wir eine ganz andere Vorstellung davon haben, was gut für uns wäre.

Ein derartige Verhinderungsstrategie ist natürlich auch wieder einmal das Zeichen eines absolut mangelnden Urvertrauens. Wir haben über die Wichtigkeit eines gesunden Urvertrauens als positive Lebensbasis schon gesprochen. Bei einem gesunden Urvertrauen gibt es nichts Unbekanntes, vor dem ich geschützt werden müsste.

Was auch immer es ist, es gibt nur eine Lösung. Wir müssen die unterschiedlichen Vorstellungen von Wolpi und unsere eigenen Vorstellungen einander annähern. Wir müssen beide auf dem uns noch unbekannten Gebiet Erfahrungen sammeln, müssen Kompromisse finden, müssen so etwas wie gegenseitiges Verständnis aufbauen.

Es hat keinen Sinn, einen Krieg zu beginnen. Das bringt uns keinen Schritt weiter. Lediglich würden sich die Fronten dabei um so mehr verhärten.

Die Verhinderungsstrategie aus Unsicherheit ist ein Hintergrund, der mir in meiner Praxis auffallend häufig begegnet. Andere Ursachen und vor allem Ursachenkombinationen sind natürlich ebenfalls möglich und in ihrer Vielfalt nahezu unerschöpflich. Für jemanden, der in diesem Feld erfolgreich arbeiten will, ist höchste Kreativität und kein Schubladendenken gefordert.

Kein Fall ist wie der andere, nichts ist wiederholbar.

Wenn Sie mein Buch „Das doppelte Ich" gelesen haben, das auf meiner eigenen Lebensgeschichte aufbaut, wissen Sie, dass ich bis ungefähr zu meinem dreiundzwanzigsten Lebensjahr ein emotional total blockierter Mensch war. Liebe, Nähe, Zärtlichkeit, Vertrauen, Offensein und Sich-fallen-Lassen waren mir gänzlich unbekannt.

82

Meine Mutter sagte mir wörtlich: „Liebe gibt es nicht, so was ist Quatsch." So hat sie mich dann auch erzogen und so hatte denn auch mein Wolpi keinerlei Erfahrung auf diesem Gebiet sammeln können – außer der mütterlichen Warnung, dass man sich darauf nicht einlassen sollte.

Obwohl ich große Sehnsucht danach hatte, erstarrte ich zur Salzsäule, wenn eine Frau zärtlich zu mir werden wollte. Wolpi zog mich konsequent aus dem Verkehr und bewahrte mich vor derart unkalkulierbaren Gefahren. Ich konnte weder geben noch nehmen, ich war ein emotionaler Krüppel.

Ich erinnere mich einiger Begebenheiten, die heute noch schmerzhafte oder inzwischen auch nur noch traurige Erinnerungen in mir wecken. Als ich z. B. nach Abschluss meiner Schriftsetzerlehre meiner Mutter von meinem ersten Gesellenlohn eine Schachtel Pralinen mit nach Hause brachte und ihr stolz überreichte, löste ich damit nichts anderes als ein gewaltiges Donnerwetter aus. Sie hätte mich nun lange genug durchgefüttert, nun solle ich endlich Geld nach Hause bringen und nicht schon unterwegs verplempern. Klassisches Futter für unseren Schuhkarton:

Hier machte mein Wolpi eine traurige Erfahrung, vor der er mich in Zukunft bewahren wollte. Wir wollten so schnell keine Pralinen mehr für jemanden kaufen. Geben wollen ist nicht so wichtig, den Erwartungen zu entsprechen schien in jedem Fall besser. Wie hätte ich meinem Wolpi böse sein können?

An meinem zwanzigsten Geburtstag, der bis abends gegen achtzehn Uhr prompt vergessen wurde, drückte mir meine Mutter mit der Bemerkung, dass ich ja heute Geburtstag hätte, drei Mark in die Hand, für die ich mir eine Schachtel Zigarillos hätte kaufen sollen.

Gehören vielleicht auch Sie zu den Menschen, die am liebsten solche Tage und auch Feiertage mit gegenseitiger oder auch einseitiger

Beschenkerei am liebsten ausfallen lassen möchten? Dann kann dies einen solchen oder ähnlichen Hintergrund haben, muss es aber nicht.

Warum erzähle ich Ihnen so etwas? Ich erzähle Ihnen dies, weil ich in solchen Konditionierungen, die damit zweifellos erfolgt sind, eine Aufgabenstellung sehe, die wir zu lösen haben.

Wir sollten sie nicht als bequeme Alibis etwa der Art „Ich habe das ja nie gelernt, ich hatte ja nie eine Chance, ich kann ja nichts dafür, ich bin nun mal so usw." missbrauchen. Kein Mensch ist nun mal so!

Wenn ich etwas nie gelernt habe,
dann wird es verdammt Zeit,
dass ich es spätestens jetzt lerne.

Ein solcher Lernprozess ist in späteren Lebensjahren zwar etwas beschwerlicher als das Lernen in jungen Jahren (Sie wissen, die ausgebauten Autobahnen), aber es ist auch dann noch möglich und ich kann es am Verlauf meines eigenen Lebens beweisen. Ich verkünde Ihnen keine anstudierten Weisheiten. Ich bin den Weg selbst gegangen und helfe heute in meiner Praxis vielen anderen Menschen, ihren Weg zu gehen.

Wir müssen uns nur auf den Weg machen,
und jeder Weg
beginnt mit dem ersten Schritt.

Allerdings habe ich in meinen jungen Jahren noch nicht mit Wolpi gearbeitet. Diese Technik, die vieles leichter macht, gab es damals noch nicht und ich habe sie erst sehr viel später entwickelt. Ich habe damals die notwendigen Veränderungen in meiner Verhaltensstruktur ausschließlich aus der dritten Ebene meines Modells der drei Ebenen bewirkt. Aber diese Art der Arbeit erkläre ich Ihnen ja anschließend noch sehr genau.

Schauen wir uns zunächst noch einige andere Beispiele an. Selbst wenn diese nicht so ganz Ihrer eigenen Problematik entsprechen sollten, so können Sie daraus doch mit Sicherheit etwas für sich selbst ableiten.

Hajo, 40, selbstständiger Apotheker, litt unter enormen Angstproblemen. Seine Lebensgefährtin brachte ihn zu mir in die Praxis, da er sich selbst nicht in der Lage sah, Auto zu fahren. Die Fahrtroute durch die Stadt wurde dabei so gewählt, dass er nie mehr als maximal fünf Minuten von einem Krankenhaus entfernt war.

Wenn er seinen Hund Gassi führte, parkte er sein Fahrzeug auch dazu in der Nähe eines Krankenhauses und ging dann mit dem Hund maximal fünfzig Meter in diese und dann wieder in die umgekehrte Richtung, um jederzeit schnell an seinem Auto sein zu können, das natürlich über ein Autotelefon verfügte, was zu dieser Zeit noch relativ selten und inzwischen völlig überflüssig ist. Heute leisten Handys diesen Dienst.

Was war der Grund seines seltsamen Verhaltens? Er hatte Angst vor einem Herzinfarkt, obwohl alle Ärzte, die er konsultiert hatte, ihm ein vollkommen gesundes Herz bescheinigten und er dort auch keinerlei Druck oder gar Schmerzen verspürte.

Aus dieser Grundproblematik heraus, die dadurch entstanden war, dass sein Vater einem Herzinfarkt erlegen war und die Ärzte ihm etwas von der Vererblichkeit solcher Schwachstellen erzählt und entsprechend gewarnt hatten, ergaben sich dann im Laufe der Zeit noch einige Nebenschauplätze, die ihm ebenfalls schwer zu schaffen machten.

Ein klassisches Beispiel dafür, wie eigentlich gut gemeinte ärztliche Ratschläge schnell ins Gegenteil umschlagen und nach meinem Empfinden hart an den Tatbestand der Körperverletzung grenzen.

Hajo konnte z. B. kein öffentliches Verkehrsmittel benutzen, denn dort wäre er ja im Notfall bis zur nächsten Haltestelle eingesperrt gewesen. An eine Fahrt mit dem Zug oder gar an Fliegen war schon gar nicht zu denken.

So war er in seinem Lebenskreis total eingeengt, und von den Angestellten in seiner Apotheke durfte natürlich auch niemand etwas bemerken, was dann – zumindest nach seinen Vorstellungen – sofort seine Autorität untergraben hätte.

Vor allem durfte auch niemand bemerken, dass er auch schon tagsüber leichte Beruhigungsmittel nahm, um den Tag irgendwie durchzustehen. Er stand damit unter einem enormen Dauerstress, der ihn der unseligen ärztlichen Prognose immer näher brachte. Der Weg der sich selbst bewahrheitenden Prophezeiung.

Angst zieht immer das an,
wovor wir Angst haben.

Warum ist das so? Durch die Gedanken, Vorstellungen, Befürchtungen, Erwartungen, die sich in unserem Kopf drehen, senden wir eine Energie aus, die ihrerseits wieder gleichartige Energien anzieht. Gleiches zieht Gleiches an, Ungleiches stößt einander ab. Im Falle der Angst öffnen wir sozusagen die Tür für etwas, vor dem wir sie eigentlich verschließen wollen.

Natürlich können wir den Mechanismus der gegenseitigen Anziehung auch umgekehrt nutzen und die Tür bewusst für etwas öffnen, das wir einladen wollen. Aber dazu müssen wir dann erst unseren Wolpi beruhigen, bei dem geöffnete Türen zunächst immer einen gewaltigen Schrecken auslösen. Als lichtscheues Nachttier ist er

86

höchst beunruhigt über das, was da alles hereinspazieren könnte. Man weiß ja nie!

Lieber alle Türen geschlossen halten und die Türklinke gut bewachen.

Gehen wir zurück zu unserem Apotheker. Ich begann mit ihm ein systematisches Training, das damit anfing, dass er sich nicht mehr von seiner Lebensgefährtin in die Praxis fahren ließ, sondern allein in seinem Auto fuhr.

Zwar fuhr er dabei hinter seiner Freundin her, die in ihrem Auto vorweg fuhr und ihm damit so etwas wie eine scheinbare Sicherheit gab. Im Notfall hätte er sich ja durch Blink- und Hupzeichen verständlich machen können, aber immerhin war dies ein erster Schritt.

Nach ein paar Tagen schon konnte er zum ersten Mal wirklich alleine fahren. Zwar immer noch auf der bekannten und wohlüberlegten Route in der Nähe der Krankenhäuser, aber für ihn war es ein Erfolg, der ihm ungeheuren Auftrieb gab. Er spürte, dass er es schaffen konnte, er spürte, dass er wieder frei werden konnte. Eine Zuversicht, die für eine erfolgreiche therapeutische Arbeit unerlässlich ist.

Jemandem helfen zu wollen,
der weder an sich selbst glaubt
noch an das, was der Therapeut sagt,
ist ein relativ aussichtsloses Unterfangen.

Erinnern Sie sich bitte daran, was ich über die Wichtigkeit der wohldosierten, kleinen Schritte gesagt habe. Hätte ich am Anfang einen zu großen Schritt von ihm verlangt, an dem er dann vermutlich gescheitert wäre, wäre das genaue Gegenteil von Zuversicht entstanden und es hätte ihn noch tiefer in die Angst hineingezogen.

Die nächste Übung bestand nun darin, dass er eine einzige Station des wohlbekannten Weges mit der Straßenbahn fuhr. Seine Freundin setzte ihn an einer bestimmten Haltestelle ab, fuhr dann mit ihrem Auto voraus und erwartete ihn dann wieder an der nächsten Haltestelle, wo er sofort wieder ausstieg. Als auch dies kein Problem mehr war, wurde die Zahl der Stationen immer weiter ausgedehnt. Jede Station zählte, jede Station mehr war ein weiterer Schritt auf seinem Weg.

Dabei arbeitete er mit Wolpi in einer ähnlichen Weise, wie es die Dame mit der Angst vor Brücken und Überführungen getan hatte, was ich Ihnen ja ausführlich geschildert habe. Er nahm seinen Wolpi ganz selbstverständlich mit in die Straßenbahn, obwohl er wusste, dass dieser sich mit Händen und Füßen dagegen wehren würde. Er redete mit ihm, zeigte Verständnis, beruhigte ihn und steckte ihn, wenn es denn sein musste, zwischen die Seiten seiner Zeitung, damit er sich nicht so ungeschützt vorkam.

Zum Lachen? Ja, richtig.
Aber sobald wir über etwas lachen können,
bedroht es uns nicht mehr.

Natürlich lief das alles nur auf der imaginären Ebene ab. Es waren Vorstellungen und Gespräche, die sich lediglich in seinem Kopf drehten, und ich habe ja schon gesagt, dass das, was in unseren Gedanken und Vorstellungen abläuft, für unser Unterbewusstsein ebenso real ist wie die so genannte Realität.

Auch die Angst ist letztlich nur eine Vorstellung, die in unserem Kopf abläuft. Sie nimmt etwas vorweg, sie hält etwas für möglich, was ja in der Regel noch gar nicht da ist. Insofern stimmte hier wieder die Ebene der Intervention mit der Ebene des Geschehens überein.

Teuer wurde für ihn das Straßenbahntraining, als er bei einer Kontrolle keinen gültigen Fahrschein vorweisen konnte. Zwar hatte er einen solchen Fahrschein in der Tasche, hatte aber bei der enormen Anspannung seines Tuns vergessen, ihn zu entwerten. Die Quittung über das Bußgeld wurde dann für ihn so etwas wie eine hart erkämpfte Trophäe. So kann selbst ein Bußgeld entweder zum Ärger oder zur Freude werden. Es kommt allein auf den Betrachtungswinkel an.

Abgeschlossen wurde dieser Teil des Trainings dann damit, dass ich mit ihm zusammen in der U-Bahn fuhr. Weder vertraute er bei dieser schwierigen Übung seiner Freundin, noch traute diese sich ihrerseits zu, so etwas mit ihm zu unternehmen.

Er stand ganz dicht neben mir, ich spürte seine schweißnasse Hand. Er wurde merklich blasser als alle anderen Fahrgäste, als die Türen sich schlossen, die Bahn beschleunigte und in den dunklen Schacht einfuhr. Die Rückkehr ans Tageslicht war dann für ihn so etwas wie eine Rückkehr ins Leben.

Er hatte es geschafft, war wieder ein Stück weitergekommen, war durch das Dunkel ins Licht gegangen, und auch sein Wolpi, den er während der Fahrt in Gedanken in eine isolierte Gefriertasche gesteckt hatte, hatte dazugelernt.

Der nächste Schritt bestand dann darin, dass wir ein paar Stationen gemeinsam mit einem Zug der Deutschen Bundesbahn fuhren. Mutig, wie er inzwischen geworden war, setzte er dabei sogar seinen Wolpi ans Fenster, damit er etwas sehen konnte, und erklärte ihm die vorüberrauschende Landschaft. Auch dies wurde geschafft und ich musste ihn inzwischen mehr bremsen als antreiben. Ich wollte das Risiko eines möglichen Rückfalls durch zu große Schritte auf jeden Fall vermeiden.

Trotzdem flogen wir an einem der folgenden Wochenenden gemeinsam mit der Lufthansa nach München und zurück. Obwohl er beim Start der Maschine einem Kollaps sehr nahe war, den ich aber durch entsprechende Atemübungen verhindern konnte, kamen wir wohlbehalten in München an, und er freute sich bereits auf den Rückflug am nächsten Tag, der dann auch reibungslos verlief. Auch das war geschafft.

Nun stand noch seine Meisterprüfung an. Diese bestand für ihn darin, allein in einem engen Aufzug auf den Fernsehturm hinaufzufahren, dort in dem sich drehenden Aussichtsrestaurant Platz zu nehmen und das gesamte Panorama zu fotografieren.

Sollten die Windverhältnisse es erlauben, sollte er auch auf die durch einen Drahtkäfig gesicherte Außenplattform gehen und dort in einer feierlichen Handlung seinen Wolpi endgültig freigeben und davonfliegen lassen. Wieder nichts als Unsinn, wird so manch verstandesgesteuerter Mensch sagen.

Wenn jemand dies alles als Unsinn sieht,
wird es natürlich auch Unsinn bleiben
und Übungen dieser Art
bleiben ohne jede Wirkung.

Das, was wir da tun, muss ebenso eine Wahrheit für uns sein, wie auch die Angst zur Wahrheit geworden ist, oder es funktioniert nicht.

Mein Apotheker wollte dann seine Dankbarkeit dadurch beweisen, dass er mich zu einem Wochenendflug nach Sylt einlud, den er mit einer kleinen, einmotorigen Maschine unternehmen wollte, für die er den Privatpilotenschein erworben hatte. Dazu fehlte dann allerdings mir der Mut. Ich hoffe, Sie verstehen das.

———————

Angelika, 55, Friseurmeisterin und Mutter zweier Söhne. Sie war wohl mein bislang schwierigster und auch langwierigster Fall. Sie stammte aus einem Nachbarort hier am oberbayerischen Chiemsee, wo ich heute lebe. Sie litt unter einem Phänomen, das man in der Fachsprache als „generalisierte Angststörung" bezeichnet. Wie allein schon die Bezeichnung vermuten lässt, bezieht sich diese Angst nicht auf etwas Bestimmtes, sondern generell auf alles.

Es ist eine Angst vor dem Leben wie vor dem Tod, vor Sonnentagen wie vor Regentagen, vor Geselligkeit wie vor Einsamkeit. Eine Angst vor dem Glück wie vor dem Unglück. Eine Angst, das Haus zu verlassen, wie auch davor, darin zu bleiben. Es ist eine alles vernichtende und lebensverneinende Angst, die nirgendwo konkret zu fassen ist.

Als sie zu mir kam, hatte sie schon so ziemlich alles hinter sich gebracht, was die Schulmedizin in solchen Fällen anzubieten hat: Tabletten aller Art, mehr oder weniger sinnvolle Therapieversuche und natürlich auch einen Klinikaufenthalt, der unter Umständen sehr segensreich sein kann, wenn …, ja, wenn darin die Chance genutzt wird, auch wirklich intensiv mit einem Patienten zu arbeiten und ihn nicht lediglich zu verwahren.

Leider ist aber aus Personalmangel meist das genaue Gegenteil der Fall. Die Patienten werden mehr oder weniger ruhiggestellt und ein oder zwei Gespräche pro Woche sind einfach zu wenig, um wirklich etwas zu bewirken.

Aus einer solchen Klinik hatte sie ihr Ehemann, der äußerst liebevoll zu ihr stand, auf eigene Verantwortung ausgelöst und zu mir gebracht, was mir zunächst nicht so ganz recht war, denn wenn ich diesen Fall annahm, an dem sich bereits andere die Zähne ausgebissen hatten, stand ich natürlich auch in der Verantwortung, und nicht wenige lauerten darauf, mir endlich eins auswischen zu können.

Dazu sah ich noch eine enorme Erschwernis, die darin bestand, dass das Unterbewusstsein eines Menschen, das eine Reihe unterschiedlichster Therapieansätze bereits erfolgreich abgewehrt hat, sich nunmehr als nahezu therapieresistent erweisen würde.

Ein solcher Wolpi hat so viel Erfahrung gesammelt, dass ihm normale Zähmungsansätze nur noch ein müdes Lächeln abringen.

Meine Befürchtung stellte sich dann auch als absolut berechtigt heraus. Ich musste also ganz andere Wege gehen, musste ihren Wolpi überraschen und ihm auf einer ganz neuen Ebene begegnen, für die

92

er noch keine Gegenstrategie entwickelt hatte. Nur so konnte tatsächlich ich die Führung übernehmen, nur so konnte ich bestimmen, wo es lang ging.

Eine derartige Strategie können Sie übrigens auch im ganz normalen Leben anwenden. Jeder Mensch hat exakte Vorstellungen davon gespeichert, wie etwas abzulaufen hat, wie etwas zu sein hat, was man tut und was man nicht tut usw., und natürlich auch die entsprechenden Verhaltensmuster dazu entwickelt.

Wenn Sie sich nun in einer Weise verhalten, auf die keines der gespeicherten Muster zutrifft, ist Ihr Gegenüber zunächst einmal total verunsichert und sucht krampfhaft nach einem adäquaten Verhalten seinerseits.

Nun können Sie ihm entgegenkommen, ihn zappeln lassen, einen möglichen Ausweg anbieten oder die Irritation noch verstärken. In jedem Fall haben Sie die Führung übernommen. Sie sind es, der agiert und damit in der weitaus besseren Position ist. Ihrem Gegenüber bleibt nur die Möglichkeit zu reagieren.

Haben Sie z. B. schon einmal ein Seminar oder einen Vortrag besucht? Dann sind Sie doch mit einer ganz bestimmten Vorstellung darüber, wie so etwas abläuft, dort hingegangen: Der Referent begrüßt die Teilnehmer, freut sich, dass wir so zahlreich erschienen sind (übrigens ein sprachlicher Unsinn, denn niemand ist zahlreich, sondern immer nur einzeln erschienen), bezeichnet es als eine große Ehre und Freude für sich ... usw. Sie kennen das alles! Mir graust davor!

Ich habe einmal – pünktlich wie immer – ein Seminar damit begonnen, dass ich mich eine Stunde lang vor die Teilnehmer hingesetzt und nicht ein einziges Wort gesprochen habe. Ich habe nur die Leute angesehen und diese haben mich angesehen. Mit fortschreitender Zeit haben dann immer mehr dieser Leute versucht, krampfhaft woanders hinzuschauen, weil die Situation offensichtlich immer unerträglicher für sie wurde. Die totale Verunsicherung – die totale

93

Lahmlegung bestehender Verhaltensmuster. Es gab tatsächlich keinen Wolpi, der etwas zu sagen wusste.

Ich habe die Situation dann damit aufgelöst, dass ich herzhaft zu lachen begann und jeden gebeten habe, doch einmal zu berichten, was während des Schweigens so alles in seinem Kopf vorging. Interessant, was da alles kam: *„Der verdient sein Geld aber leicht, schließlich haben wir ja bezahlt – erwartet der etwa, dass wir etwas sagen – ich steh jetzt einfach auf und gehe – hat der vielleicht einen Schlaganfall und wir merken nichts“ – usw. usw.*

Besser hätte ich nicht erklären können, wie sehr wir unseren eingefahrenen Verhaltensmustern verhaftet sind. Ich hatte den Teilnehmern ihre eigenen Strukturen und vor allem auch ihre Hilflosigkeit außerhalb dieser Strukturen vorgeführt.

Mein Ansatz bei der therapieresistenten Dame fußte auf ähnlichen Überlegungen. Während bisher alle versucht hatten, ihr klar zu machen, wie schön das Leben doch sei, dass sie doch eigentlich alles habe, was sie brauche, einen liebevollen Ehemann, ein schönes Haus, einen eigenen Friseursalon, zwei sehr positive, erwachsene Söhne, liebe Nachbarn usw., tat ich das genaue Gegenteil.

Ich überlegte mit ihr gemeinsam, wie sie denn nun sterben wolle, diskutierte Chancen und Risiken einer Tablettenvergiftung, setzte den Tod durch Erhängen dagegen und ließ auch die Eisenbahnschienen nicht außerhalb unserer Überlegungen.

Makaber, mögen Sie sagen. Ja, natürlich war dies makaber, mehr als makaber sogar, aber es setzte ihren Wolpi zunächst einmal total lahm und so ernst hatte er es nun auch wieder nicht gemeint.

Wolpi hatte bisher nur seinen Spaß daran gefunden, den sterbenden Schwan zu spielen, wollte das Spiel aber nicht unbedingt auch zu Ende führen, denn es wäre dann ja auch sein eigenes Ende gewesen.

94

Der sterbende Schwan war lediglich eine Strategie, mit der er im Mittelpunkt stand und Beachtung und Zuwendung auf sich zog. Nun machte ich meinerseits plötzlich ernst aus diesem Spiel. Wolpi war sprachlos!

Dadurch, dass ich den Tod ins Spiel brachte, erweckte ich sogar die weitgehend lahmgelegte Lebensenergie der Dame, was ich noch durch eine entsprechende Arbeit auf der energetischen Ebene verstärkte. Das Spiel war nun kein Spiel mehr, es zwang zu einer Entscheidung und diese Entscheidung verlief ziemlich dramatisch.

Ihr Mann rief mich eines Nachts in höchster Verzweiflung an und meinte, dass es mit ihr nun wohl zu Ende ginge. Auch mir war klar, dass nun etwas zu Ende ging, aber ich hatte eine etwas andere Vorstellung von dem, was da nun zu Ende gehen würde.

Wie eine Sterbende war sie auf dem bequemen Sofa des Wohnzimmers aufgebettet. Mit schwacher Stimme bedeutete sie mir und ihrem Mann, dass sie nun gehen werde, bat um Verzeihung für all die Mühe, die sie uns gemacht hatte usw. Es wurde ein etwas längerer Vortrag, den sie uns da mit schwacher Stimme anbot, und das machte mich meiner Sache umso sicherer. Ein wirklich Sterbender hält keine langen Vorträge.

Hier probte Wolpi seinen letzten Auftritt, hier versuchte Wolpi einen letzten Trumpf zu spielen, hier wollte Wolpi ein letztes Mal die Oberhand gewinnen und es sollte tatsächlich sein letzter Auftritt werden, dagegen hatte ich nichts einzuwenden.

Nun begann ich zu reden. Ich bedauerte, dass Wolpi sich nun von uns verabschieden wollte, wo wir uns doch schon so sehr aneinander gewöhnt hätten. Ich bat ihren Mann, im Keller einen geeigneten Pappkarton zu suchen, in den wir Wolpi bestatten konnten. Ich fragte Angelika, ob sie nun auch ihrerseits bereit sei, ihren Wolpi loszulassen, was sich zunächst sehr viel hartnäckiger gestaltete, als ich vermutet hatte. Die beiden hingen fest aneinander, hatten sich aneinander gewöhnt und wollten einander nicht loslassen.

Ich musste Angelika dazu bringen, das Bild ihres Wolpi vor ihrem geistigen Auge entstehen zu lassen, mir dann zu gestatten, ihn in den Karton zu legen. Sie sollte zuzuschauen, wie ich dann den Deckel über ihm schloss. Was hier so schnell erzählt ist, bedeutete ein mindestens zwanzigminütiges zähes Ringen. Den geschlossenen Karton steckte ich dann, auch für sie deutlich sichtbar, in den noch brennenden offenen Kamin des Wohnzimmers. Wolpi löste sich in Rauch auf!

Eine Kombination von imaginärem und realem Geschehen. Der Karton war da, das Feuer war da, nur Wolpi war das, was er immer gewesen war, eine Imagination.

Aber so wirkungsvoll, wie er sein Unwesen getrieben hatte, so wirkungsvoll war nun auch sein Verschwinden. Die eben noch Sterbende schaute plötzlich wieder viel lebendiger aus, sie konnte sich sogar ein Lächeln über meine Scherze abringen und trank sogar einen Schluck Sekt zur Feier ihrer neuen Freiheit mit mir und ihrem Mann. Danach wollte sie verständlicherweise nur noch schlafen.

Unfug? – Ja, wenn Sie mögen, betrachten Sie es wieder einmal als Unfug, meinetwegen sogar als groben Unfug. Aber Angelika führt heute durch diesen Unfug wieder ein ganz normales Leben und es ist für sie einerlei, ob sie durch vermeintlichen Unfug oder durch vermeintliche Wissenschaft geheilt wurde.

Allerdings ist die Art, wie ich hier interveniert habe, nicht unbedingt zur Nachahmung empfohlen. Sie müssen sich Ihrer Sache schon absolut sicher sein – oder der Schuss geht nach hinten los. Sie brauchen sehr viele Hintergrundinformationen, mit denen ich Sie hier aber nicht langweilen wollte, um eine solche Situation richtig einschätzen zu können. Es muss Ihnen absolut klar sein, was an einem solchen Spiel ernst und was lediglich Mittel zum Zweck ist.

Der Zweck des Spiels war die Erreichung von Liebe, Aufmerksamkeit und Zuwendung. Diese hatte sie in ihrem bisherigen Leben immer nur durch Leistung, Anpassung und Zurückstellung ihrer eigenen Bedürfnisse erreicht. Alles war wichtig, der Ehemann, die Kinder, der Friseursalon, der Bau eines eigenen Hauses usw., nur sie nicht. Sie war erst zufrieden, wenn alle mit ihr zufrieden waren.

Diese Kraftanstrengung konnte sie nun mit fünfundfünfzig Jahren nicht mehr aufrechterhalten. Ihr bisheriges Lebensgerüst brach gnadenlos zusammen, sie war leergelaufen. Aber warum hatte sie sich bisher immer nur zurückgestellt? Wie und warum war sie in dieses System hineingeraten?

Die Auflösung dieser Frage ist relativ einfach: Sie war als nicht gewolltes Kind einer viel zu jungen Mutter geboren worden – ein Unglück und eine Schande für die Mutter und deren Familie. Alle Versuche der Mutter, sie mit amateurhaften Mitteln abzutreiben, waren erfolglos geblieben. Unter Hypnose hatte sie in meiner Praxis noch einmal durchlebt, wie spitze Gegenstände auf sie zukamen (Stricknadeln) und sie töten wollten.

Ein Mensch mit einer solchen Lebensplattform wird in der Regel immer versuchen, durch Leistung, Anpassung und Selbstlosigkeit doch noch das zu erreichen, was ihm von Zeugung an vorenthalten wurde.

Seht her, ich tue doch alles, ich bin doch gut, man kann mich doch lieb haben, ich will ja auch sonst nichts, sagt mir nur, was ich tun soll usw.

Unbewusst natürlich und das von frühester Kindheit an. Dies sind keine quengelnden Kinder, dies sind meist problemlos angepasste Kinder, vorbildliche Hilfen im Haushalt, Musterschüler mit besten Noten, absolut selbstlose Ehefrauen und Mütter, ideale Geschäftspartner mit bester Eignung zum Umgang mit Kunden usw.

Natürlich nur so lange, wie die Kraft dazu reicht und auch die Lebensbühne genügend Auftrittsmöglichkeiten bietet. Ist dann einmal alles geschafft, sind die Kinder aus dem Haus, ist das Geschäft zum Selbstläufer geworden, das Haus gebaut, die Ehe eingefahren oder auch abgeschliffen, kommt jene Leere und das Gefühl von Sinnlosigkeit und Minderwertigkeit auf, das zum geschilderten Fall der Angelika führte.

Schauen wir uns noch – wenn Sie mögen – das typische Beispiel einer Blockade an:

Georg, 56, selbstständiger Versicherungsmakler mit gelegentlicher Finanzierungsvermittlung.

Erfolgreich in seinem Beruf, erfolglos in seinem privaten Leben. Dreimal geschieden, die vierte Beziehung unglücklich, angegriffene Gesundheit, chronischer Geldmangel, keine Lebensfreude, Dauerstress, einsam.

Nun ist es doch zunächst einmal erstaunlich, dass jemand in seinem beruflichen Leben erfolgreich, in seinem privaten Leben hingegen das genaue Gegenteil sein kann. Wie ist das möglich?

Diese Diskrepanz zwischen außen und innen ist leider häufiger anzutreffen, als man es vermuten würde. Wenn man so einen Menschen von außen betrachtet – und zu mehr haben wir in der Regel nur selten eine Chance –, dann scheint alles in Ordnung. Irgendwie könnte man ihn vielleicht sogar beneiden – großes Auto, Haus, Firma, Familie usw.

Wenn wir dann aber Gelegenheit haben, einmal hinter die sorgsam aufgebaute Kulisse zu schauen, entdecken wir oft das genaue Gegenteil, ohne dass wir so recht wissen, wie wir demjenigen helfen könnten oder ob er überhaupt merken darf, dass wir … .

Je schillernder und aufwendiger
die äußere Kulisse,
desto größer die Wahrscheinlichkeit einer
dahinter stehenden Bedürftigkeit.

98

Aufgrund meiner langen Erfahrung bin ich zu dieser Erkenntnis gekommen, und zwar gilt sie für alle Bereiche des Lebens. Ob sich nun ein Chefarzt wie ein Pfau aufplustert oder ein Neureicher seinen Wohlstand in geschmackloser Weise demonstriert, wie ich es in meiner unmittelbaren Nachbarschaft beobachten kann.

Wahrer Wohlstand ist, wenn alle Dinge zum Wohle stehen – innen wie außen –, und da muss dann nichts mehr demonstriert oder aufgeplustert werden.

Auch unser Wolpi ist nichts anderes als ein aufgeplustertes Etwas. Wenig beeindruckend, wenn wir hinter seine Kulisse schauen.

Georg rechtfertigte seinen Kulissenbau damit, dass er schließlich etwas darstellen müsse, wenn seine Kunden ihm vertrauen sollen. Allein schon diese Ausdrucksweise ließ die dahinter steckende

Problematik klar erkennen. Warum muss jemand etwas „darstellen"?

Entweder bin ich etwas, dann muss ich nichts darstellen – ich bin es ja –, oder ich bin nichts und muss etwas darstellen, um wenigstens etwas zu scheinen. Ein Darsteller sozusagen!

So war es bei Georg. Das Auto eine Nummer zu groß, das Büro eine Nummer zu groß, seine Kleidung eine Nummer zu gestylt, nur sein Konto ein paar Nummern zu klein. Die aufwendige Kulisse fraß das, was er auf der finanziellen Seite erwarb, sofort wieder auf.

Schon seine Mutter habe gesagt, *„Kleider machen Leute"* und *„wie man kommt gegangen, so wird man empfangen"*. In seiner ganzen Familie habe man stets Wert darauf gelegt, einen guten Eindruck zu machen und sich nichts vorwerfen zu lassen.

Natürlich steckt hinter solchen Sprichwörtern eine gewisse Wahrheit, oder ein System, wie Georg es lebte, könnte nicht funktionieren. Wir haben feste Bilder davon im Kopf, wie etwas zu sein hat, wie jemand gekleidet sein sollte, wenn er diesem oder jenem Beruf angehört, dieses oder jenes Amt einnimmt usw.

Ein Versicherungs- und Finanzierungsvermittler im gebrauchten Kleinwagen mit zerschlissenen Jeans, offenem Hemd und Leinentasche für seine Unterlagen würde uns zumindest stutzig machen. Also, schauen wir nicht verächtlich auf die Darsteller. Wir, das Publikum, zwingen sie durch unsere festen Vorstellungen ja nahezu zur Darstellung.

Aber wie so oft liegt die Wahrheit in der Mitte. Auch ich empfange einen Menschen nicht im Schlafanzug, obwohl er doch ausschließlich zu mir kommt, um Hilfe bei der Lösung seiner Probleme zu finden, und helfen könnte ich ihm doch auch ebenso im Schlafanzug – oder etwa nicht? Ich würde dazu sogar einen frisch gewaschenen Schlafanzug anziehen.

Ich konnte den tief sitzenden Mechanismus von „wie man kommt gegangen, so wird man empfangen" erst vor ein paar Tagen wieder einmal ausprobieren, was mir immer ein inneres Vergnügen bereitet. Ich war in unserer Kreisstadt Rosenheim, hatte dort erledigt, was ich erledigen wollte, und hatte noch genügend Zeit, mir schöne Autos anzusehen, was ich übrigens sehr gerne tue.

Im Ausstellungsraum der Mercedes-Vertretung hielt ich mich fast eine halbe Stunde lang auf und inspizierte gründlich alle ausgestellten Fahrzeuge. Mehrere Verkäufer saßen hinter ihrem Tresen, bewegten Papiere von einer Seite auf die andere oder glotzten auf den vor ihnen stehenden Bildschirm.

Niemand kümmerte sich um mich, niemand stellte mir die Frage, ob er mir helfen könne, ob ich interessiert sei oder dergleichen. Ich entsprach ganz offensichtlich nicht dem Bild eines Mercedeskäufers, was sich dadurch bestätigte, dass mich endlich einer der Herren bat, mich nicht in alle Fahrzeuge hineinzusetzen, was ich doch sicher verstehen könne, und über Prospektmaterial eines sehr schönen Kabrios verfüge er im Moment leider auch nicht, man warte aber darauf.

Im Ausstellungsraum von Jaguar im angrenzenden Kolbermoor erging es mir ähnlich. Auch hier zeigte niemand Interesse an mir. Auch hier genoss ich so etwas wie Narrenfreiheit und die meisten Fahrzeuge waren sogar vorsichtshalber abgeschlossen.

Nun, ich war an diesem Tag weder besonders schäbig gekleidet noch besonders herausgestylt. Ich trug ein Paar mehr oder weniger abgewetzte Jeans, eine Allwetterjacke, die innen teurer war, als man es ihr außen ansah, meinen geliebten Filzhut und hatte meine eigenes, durchaus repräsentatives Fahrzeug etwas abseits geparkt, so dass niemand sehen konnte, womit ich gekommen war. Das Bild, dass ich an diesem Tag abgab, passte ganz offensichtlich nicht zu den ausgebauten Autobahnen in den Köpfen der Verkäufer.

Aber gehen wir zurück zu Georg. Die Sprichwörter seiner Mutter und die Familien-Philosophie, in der er aufgewachsen war, hatten ihn zutiefst geprägt. Sein Vater hatte den Sprichwörtern seiner Mutter noch etwas weitaus Verhängnisvolleres hinzugefügt.

Um seine eigene Mittelmäßigkeit und auch seinen beständigen Geldmangel zu rechtfertigen, wartete er mit entsprechenden Weisheiten wie „Geld macht nicht glücklich", „Geld verdirbt den Charakter", „Geld kann man nicht essen" usw. auf. Von denen, denen es finanziell besser ging als ihnen, redete sein Vater nur von den „Großkotzen", den „Geldsäcken" oder gar den „Arschlöchern".

Nun, was macht ein Heranwachsender in solch einem Fall? In der Regel will er von seinen Eltern und seinem sozialen Umfeld, das in der Phase der stärksten Prägungen mit dem seiner Eltern noch weitgehend identisch ist, anerkannt werden, will dazu gehören, will nicht abseits stehen, und so machte sich sein Wolpi denn auch die Bewertungen seines Vaters zu eigen.

Als Großkotz, Geldsack oder gar als Arschloch wollte er auf gar keinen Fall gelten und so baute er *unbewusst* eine Barriere zwischen sich und dem Geld auf, um damit der Gefahr der Abseitsstellung in der Gruppe zu entgehen. Eine wirkungsvolle Blockade, die das Erreichen eines finanziellen Wohlstands konsequent verhinderte, war damit errichtet.

Natürlich geschah dies alles unbewusst. Natürlich wollte er endlich reich sein, natürlich hätte er inzwischen nichts mehr dagegen gehabt, sich aus dem elterlichen Umfeld zu verabschieden, aber es war allein sein Verstand, der dies wollte, und wenn der Verstand den Programmierungen auf der unbewussten Ebene entgegensteht, siegen immer und ausnahmslos die Programme der unbewussten Ebene. Ich habe das schon mehrfach deutlich gemacht.

Aber ich habe auch deutlich gemacht, dass wir diesen Programmen nicht hilflos ausgeliefert sind. Wir können sie ändern, wir können sie umbauen, können ganz neue Programme einführen, können das Leben ganz anders leben. In meinem Buch „Leben wie neu geboren" habe ich einen solchen Weg am Beispiel eines Rechtsanwalts aufgezeichnet.

Es bedarf dazu allerdings einer konsequenten und wohldosierten Arbeit auf allen Ebenen. Allein durch Einsicht und Beschluss wird sich nichts ändern. Hilfreich ist es dabei, wenn wir eine möglichst bildhafte Vorstellung von dem haben, an dem und mit dem wir arbeiten wollen. Das lediglich Nebulöse und Unfassbare bleibt unfassbar und entzieht sich unserem direkten Zugriff.

Ich mit mir – wie soll das gehen? Wer ist ich? Wer hat da das Problem und wer ist es, der da helfen soll, das Problem zu überwinden? Immer dasselbe Ich? Nichts als Kreisverkehr und so haben schon viele Menschen vieles versucht und sind doch immer wieder da angekommen, wo sie gestartet sind.

Ich mit Wolpi z. B. ist da schon etwas einfacher. Er hat Angst, er ist blockiert, ich verstehe ihn, ich helfe ihm, ich weiß, warum er so ist, und nehme ihn liebevoll an die Hand usw.

Nichts als eine Krücke, aber bevor Sie auf die Nase fallen, benutzen Sie lieber diese Krücke.

Jedes erneute Hinfallen tut weh und macht Sie noch unsicherer. In jedem Fall wäre es die intelligentere Lösung, den Krückstock zu nehmen.

Aber gehen wir wieder zurück zu unserem Versicherungsvertreter mit gelegentlicher Finanzierungsvermittlung. Ich konnte ihm schon allein dadurch helfen, dass ich ihm die Zusammenhänge klar machte, dass ihm der Hintergrund seines Verhaltens bewusst wurde, dass er erkannte, dass nicht er die Ursache des Problems war, sondern dass allein die Konditionierungen des Elternhauses, denen er unterworfen war, zu seiner Problematik geführt hatten.

103

Er vollzog dann auch konsequent die Trennung zwischen sich und den Problemen, hatte Verständnis für seinen Wolpi und begann damit, ihn in einer ganz anderen Richtung zu erziehen.

Nun bin ich ganz sicher niemand, der für alles und jedes das Elternhaus verantwortlich macht, ganz im Gegenteil. Die Prägungen, die wir von dort mitbekommen, sind Aufgabenstellungen, die wir zu lösen haben, und keine bequemen Alibis. Auch das habe ich schon mehrfach deutlich gemacht.

Schon beim morgendlichen Ankleiden redete Georg mit seinem Wolpi: *„Ich weiß, du möchtest jetzt wieder am liebsten das anziehen, wo groß und deutlich „Boss" draufsteht, fühlst dich dann auch ein bisschen wie ein Boss und kommst dir großartig vor – aber schau, ich hab dazu heute keine Lust und ziehe einfach die Jacke an, die mir am bequemsten ist. Du wirst sehen, dass wir das überleben werden und keiner den Schriftzug, an dem du so hängst, vermissen wird.*

Sie haben das beide überlebt und auch niemand hat etwas vermisst!

Sie haben es auch überlebt, in einem geleasten Golf vorzufahren, der das viel zu kostenaufwendige Mercedes-Cabrio ablöste. Er konnte das sogar mit der Notwendigkeit eines bewussteren Umgangs mit der Umwelt, der dringend erforderlichen Schadstoffreduzierung usw. begründen, was ihm sogar deutliche Pluspunkte einbrachte.

Auch das kleinere Büro nahm ihm niemand übel. Schließlich weiß ja jeder, dass überall eine gewisse Kostenreduzierung notwendig ist, und was die großen Konzerne vormachten – zu diesem Zeitpunkt war gerade die Telecom im Gespräch –, konnte ja auch für ihn nicht verkehrt sein. Dabei gewann er sogar eher an Beratungskompetenz, als dass er etwas davon einbüßte. Seine Kunden fanden das alles sehr vernünftig – der umsichtige, seriöse und verantwortungsvolle Herr Georg …

Der angenehme Nebeneffekt: Sein Konto zeigte nun etwas positivere Zahlen und auch die Bank betrachtete seine neue Ausrichtung mit Wohlwollen und vermittelte ihm sogar einige neue Kundenkontakte.

Sein Leben änderte sich.

Überlegen Sie nun bitte selbst einmal einen Moment, was sich in Ihrem Leben ändern müsste, und fangen Sie dann „jetzt" damit an. Nicht morgen, nicht übermorgen, nach dem Urlaub, wenn das Haus abbezahlt ist, die Kinder aus dem Haus sind usw.

Das Leben findet „jetzt" statt.
Wenn Sie an diesem Leben
etwas ändern wollen,
müssen Sie es „jetzt" ändern –
oder es läuft unverändert weiter!

8

Die Arbeit aus der unbegrenzten, geistigen Ebene

Bitte vergegenwärtigen Sie sich noch einmal das Modell der drei Ebenen, wie ich es eingangs aufgezeichnet habe.

Was wir bisher besprochen haben, bezog sich lediglich auf die Ebene I, unsere unbewusste Ebene, die wir respektlos als intelligenzlosen Schuhkarton bezeichnet haben, und die Ebene II, die wir mit unserem rationalen Verstand gleichsetzten.

Die unbewusste Ebene haben wir dabei richtigerweise als die Ebene identifiziert, auf der Ängste und Blockaden in der Regel verankert sind. Um uns unsere Arbeit mit der unbewussten Ebene etwas zu erleichtern, um dieses dubiose Etwas ein wenig bildhafter und damit auch anfassbarer zu machen, haben wir sie mit der Figur des Wolpi gleichgesetzt.

Wolpi hat Angst, Wolpi ist blockiert. Wir nehmen diesen Wolpi in seiner Angst an, wir verstehen seine Angst und helfen ihm bei der Überwindung seiner Angst.

Es ist seine Angst, es ist nicht unsere Angst!

Wir distanzieren uns ebenso von seiner Angst, wie wir uns von seinen Blockaden und sonstigen Marotten distanzieren. Wir bestimmen über Wolpi, und wir erlauben es diesem Wolpi nicht mehr, über uns zu bestimmen.

„Nichts als ein Krückstock", haben wir gesagt, aber wir haben auch gesagt, dass es besser sei, einen Krückstock zu benutzen als auf die Nase zu fallen.

Verzeihen Sie mir, dass ich einige der fundamental wichtigen Details dieser Art der Arbeit mit Ängsten und Blockaden des Öfteren wiederhole. Ich habe Ihnen schon an anderer Stelle gesagt, dass das Unterbewusstsein dazu neigt, alles zu verdrängen, was seiner einmal gefundenen Wahrheit widerspricht, was seinem einmal gefundenen Weg (Autobahn) gefährlich werden könnte. So würde auch vieles aus diesem Buch sofort wieder verdrängt werden, wenn ich es nicht immer wieder deutlich machen würde.

Wenn Sie glauben, dass Ihnen das nicht passieren kann, dass Sie wirklich verstanden haben und das Verstandene nun unverzüglich in die Tat umsetzen werden, bewundere ich zwar Ihre hohe Selbsteinschätzung, kann Ihnen aber aus meiner Erfahrung heraus keine große Hoffnung machen, dass dies auch tatsächlich so sein wird. Ihr Unterbewusstsein wird jede Chance nutzen, die alten, eingefahrenen Wege beizubehalten.

Schon das, von dem Sie der Meinung sind, dass Sie es verstanden haben, ist durch den Filter Ihres Unterbewusstseins gelaufen und sicher nicht mehr ganz das, was ich tatsächlich gesagt habe, und mit jedem weiteren Tag wird weiter gefiltert und gefiltert und gefiltert. Wenn Sie z. B. dieses Buch nach einer Weile erneut lesen, wird Ihnen vieles ganz neu vorkommen.

Dies ist völlig normal und ich will Sie damit keineswegs kritisieren oder gar mutlos machen. Ich möchte lediglich, dass Sie auch solche Tendenzen Ihres Unterbewusstseins kennen, um ihnen besser gewachsen zu sein.

Was ich Ihnen mit der Arbeit auf der Ebene drei anbieten möchte, ist keineswegs nur ein Krückstock. Ich möchte Sie in eine Bewusstseinsebene führen, die weit über der Ebene unseres begrenzten Verstandes liegt.

108

Wir werden uns dabei bewusst, wer oder was wir in Wahrheit sind, was unser wahres Sein ist, und dieses wahre Sein ist entschieden mehr, als Unterbewusstsein und Verstand jemals sein können. Auf der Ebene drei spielen wir in einer völlig anderen Liga.

Wenn wir bisher mit unserem Verstand auf Wolpi geschaut haben, dann schauen wir nun aus unserer unbegrenzten, geistigen Ebene auf Verstand und Unterbewusstsein gleichermaßen.

Wir sind in eine höhere Etage umgezogen und aus dieser Etage heraus haben wir nun einen noch besseren Überblick.

Beiden Arbeitstechniken liegt gleichermaßen die wichtige Voraussetzung einer Trennung zwischen Problem und Problemlöser zugrunde. Solange ich eine Lösung auf der gleichen Ebene anstrebe, ist in der Regel nichts als Kreisverkehr angesagt. Problem und Problemlöser sind identisch und drehen sich um die eigene Achse.

Ich bin sicher, Sie haben solche Erfahrungen schon hinreichend gemacht. Sie haben probiert und probiert, haben es sich ganz fest vorgenommen, haben versucht, es mit aller Kraft durchzusetzen, und fanden sich doch immer wieder in den gleichen Problemen gefangen.

Damit nun zukünftige Anstrengungen zu einem besseren Ergebnis führen als bisher, lege ich Ihnen mit diesem Buch ein brauchbareres Handwerkszeug zur Überwindung von Ängsten und Blockaden in die Hand. Aber auch hier gilt das, was für jedes Werkzeug gilt: Es hat nur dann einen Nutzen, wenn wir es richtig einsetzen.

Selbstverständlich sind wir keine Computer mit einem Fehler in der Software. Diesen Vergleich, den wir am Anfang unserer Betrachtungen einmal benutzt haben, hinkt ebenso, wie letztlich alle Vergleiche irgendwo hinken.

In unserem wahren Kern sind wir unbegrenzte, geistige Wesen. Wir verfügen über ganz wunderbare Möglichkeiten, wenn wir uns dieser Möglichkeiten bewusst werden und dann auch noch lernen, bewusst darüber zu verfügen.

Wie wir bereits festgestellt haben, ist dabei die Ich-Identifikation von entscheidender Bedeutung. Identifiziere ich mich mit dem Problem oder bin ich der- oder diejenige, die das Problem löst? Habe ich Angst oder ist es etwas anderes, das diese Angst hat und dem ich helfe, seine Angst und seine Blockaden zu überwinden? Verzeihung, wenn ich Sie damit inzwischen nerve, aber es ist von elementarer Wichtigkeit, dies nicht nur zu lesen, sondern auch tatsächlich zu verinnerlichen!

Bin ich krank oder ist es lediglich der Körper, eine bestimmte Stelle oder ein bestimmtes Organ meines Körpers, das z. Zt. krank ist. Ich bin gesund und kann meine grundsätzliche Gesundheit auch auf meinen Körper übertragen. Ich kann mich an die Reparatur der kranken Stelle machen. Ich bin der Hausherr. Ich verfüge über das dazu notwendige Werkzeug.

Wenn wir unser wahres Wesen und die damit verbundenen Möglichkeiten wirklich erkannt haben, können wir, z. B. im Hinblick auf unsere Gesundheit, von innen heraus mehr ausrichten, als jeder Arzt dies von außen bewirken könnte.

Lassen Sie mich die so wichtige Technik der Trennung von Problem und Problemlöser noch einmal an einem Beispiel verdeutlichen. Stellen Sie sich vor, Sie haben ein Kind, das z. B. Angst hat, in einem dunklen Zimmer zu schlafen, was ja gar nicht so selten vorkommt. Was werden Sie nun tun, um diesem Kind zu helfen?

Sie haben dazu mehrere Möglichkeiten. Sie können z. B. versuchen, dem Kind auf der logischen Ebene zu erklären, dass es keinerlei Grund zu einer solchen Angst hat, dass Sie ja selbst im Zimmer gleich nebenan schlafen, dass auch der Hund aufpasst, die Türen und auch die Fenster geschlossen sind usw.

Das Kind kann Ihnen natürlich nicht widersprechen. Es sieht das alles ein, aber an seine Angst kommen Sie auf diesem Weg nicht

110

heran. Sie arbeiten auf der logischen Ebene, seine Angst aber liegt auf der unbewussten und damit völlig unlogischen Ebene. Von Ihren logischen Ausführungen bleibt diese Ebene völlig unbeeindruckt.

Es ist, wie wenn Sie einen im Erdgeschoss tropfenden Wasserhahn von der darüber liegenden ersten Etage aus reparieren wollen. Sie müssten sich schon auf die betroffene Ebene bemühen, wenn Sie tatsächlich etwas ausrichten wollen, was wir z. B. mit unserer Wolpi-Technik tun.

Nun können Sie das Kind natürlich auch mit der Kraft Ihrer ganzen geballten Autorität zwingen, im dunklen Zimmer zu schlafen. Sie löschen das Licht, drehen vielleicht sogar noch die Glühbirne oder die Sicherung heraus und sperren die Tür ab.

Ich weiß nicht, ob das Kind irgendwann schlafen wird. Voller Angst wird es wahrscheinlich ganz tief unter die Bettdecke kriechen, auf jedes noch so kleine Geräusch achten und still – oder auch laut – vor sich hin weinen.

Natürlich können Sie es für dieses nach Ihrer Meinung völlig unnötige Weinen bestrafen, können z. B. Fernsehverbot erteilen, da Sie ja ohnehin der Ansicht sind, dass diese Angst wohl durch irgendeinen Fernsehfilm ausgelöst wurde. Sie selbst waren daran natürlich nicht beteiligt, Sie sind selbstverständlich nur für die positiven Seiten des Kindes verantwortlich. Schließlich wollten Sie ja immer nur sein Bestes.

Glauben Sie im Ernst, dass Sie mit solchen Maßnahmen wirklich etwas ausrichten können? Die Angst des Kindes vor der nächsten dunklen Nacht wird noch größer werden, als sie ohnehin schon war, und dazu hat das Kind nun auch noch Angst vor Ihnen. Großartig, was Sie bei einem solchen Vorgehen alles bewirkt hätten.

Wie wäre es dagegen mit folgendem Ansatz: „Ich verstehe dich, ich mag dich, du musst nicht im Dunkeln schlafen, ich lasse die Tür zu deinem Zimmer einen Spalt offen und bin immer ganz in deiner Nähe. Morgen früh wecke ich dich dann wieder und dann darfst du auch noch ein bisschen in meinem Bett kuscheln."

Hier versteht mich jemand, hier mag mich jemand, hier hilft mir jemand.

So etwas bewirkt jene entscheidende Öffnung, solche Signale lösen jenes wichtige Vertrauen aus, das Sie brauchen, um überhaupt eine Chance zu haben, an das Problem heranzukommen.

Diese vertrauensvolle Öffnung ist der erste und alles entscheidende Schritt.

Wenn Sie diese Basis erreicht haben, beginnen Sie mit dem, was ich den Weg der kleinen Schritte genannt habe. Natürlich lassen Sie die Tür zum Kinderzimmer offen, natürlich lassen Sie irgendwo ein Licht brennen, aber alle paar Tage verändern Sie den Öffnungswinkel der Tür ein wenig, so dass immer weniger Licht ins Zimmer des Kindes fällt. Am Ende ist es nur noch ein winziger Spalt und das Licht, das Sie dazu im Flur brennen ließen, können Sie dann auch bald löschen oder durch ein kleines Nachtlicht ersetzen, das man einfach in die Steckdose steckt. Wenn wir aus der dritten Ebene arbeiten, ist dies nicht viel anders.

Wie innen – so außen, wie oben – so unten, wie im Größten – so im Kleinsten!

Wir signalisieren Verständnis für die unter uns liegenden begrenzten Ebenen, mit denen wir, das unbegrenzte, geistige Wesen, z. Zt. verbunden sind. Diese beiden Ebenen repräsentieren unser körperliches Sein. Sie repräsentieren das Haus, in dem wir z. Zt. wohnen. Oder sie sind das Kind, das Angst hat, im Dunkeln zu schlafen, wenn wir beim letzten Beispiel bleiben wollen.

Wir signalisieren Verständnis und liebevolle Annahme, wir bieten Hilfe an, aber wir identifizieren uns nicht mit den Problemen dieses

112

Hauses oder dieses Kindes. Wir sind der Hausherr, wir sind der Vater, der sich der Probleme des Hauses oder seines Kindes annimmt.

Aber wer oder was ist denn nun dieser Hausherr, dieses Ich, das da aus der dritten Ebene Verständnis signalisiert und Hilfe anbietet?

Im Fall der Arbeit mit Wolpi haben wir uns mit der Ebene 2, unserem Verstand, identifiziert, aber dieser Verstand ist keineswegs unser Ich! Wir sagen ja auch jetzt gerade, dass es „unser" Verstand ist, wer ist dann aber dieses „unser", das den Verstand besitzt?

Natürlich ist es der Mensch, der diesen Verstand besitzt. Klingt doch ganz logisch – oder nicht? Schließlich soll ja der Mensch das einzig „vernunftbegabte" Wesen auf dieser Erde sein.

Schön, aber was ist nun dieser Mensch? Natürlich eine Kombination der drei Ebenen, die wir hier aufgezeigt haben. Zumindest solange diese Ebenen voll funktionsfähig sind. Wir wissen aber, dass unser Verstand, der ja unmittelbar mit der Funktion unseres Gehirns verbunden ist, erhebliche Schwierigkeiten hat, ja sogar völlig ausfallen kann, wenn, wie z. B. bei der Alzheimer'schen Erkrankung, Zellen des Gehirns absterben.

Es kann dann z. B. sein, dass wir vor einer Gabel sitzen, die wir in unserem Leben hunderttausende Male benutzt haben, sie konsterniert betrachten und nicht mehr wissen, was wir damit anfangen sollen.

Auch der Speicher unseres Gedächtnisses kann z. B. durch einen Unfall völlig oder auch nur teilweise lahmgelegt werden. Wir wissen dann nicht einmal mehr, wie wir heißen. Es können also verschiedene Ebenen unserer menschlichen Erscheinung ausfallen.

Was hingegen weder erkranken noch lahmgelegt, noch ausfallen kann, ist unser unbegrenztes, geistiges Sein, das, was diesen Körper lebendig macht, das Leben, das Bewusstsein in diesem Körper.

Diese Ebene kann sich im Tod lediglich von unserem Körper trennen, bleibt aber auf der rein geistigen und körperlosen Ebene weiterhin existent. Frau Dr. med. Ellen Kübler-Ross bezeichnet den Tod so liebenswert als „Umzug in ein größeres Haus".

Wir dürfen „Geist", so, wie es hier gemeint ist, natürlich nicht mit Verstand oder Intelligenz verwechseln, ein Fehler, der leider allzu häufig gemacht wird. Immer wieder hört man z. B. vom „menschlichen Geist" sprechen, der so wunderbare Dinge hervorbringen soll. Wenn die körperliche Erscheinung des Menschen begrenzt (von seiner Zeugung bis zum Tod), aber der Geist unbegrenzt ist, wäre ein „menschlicher Geist" so etwas wie etwas begrenzt Unbegrenztes. Nicht nur ein sprachlicher, sondern auch ein logischer Unfug.

Ich weise in meinen Büchern immer wieder darauf hin. Da ich aber nicht voraussetzen kann, dass jemand alle Bücher von mir liest, seien Sie mir bitte nicht böse, wenn Sie die folgende Differenzierung sinngemäß schon einmal gelesen haben.

Das, was räumlich und zeitlich
„un"-begrenzt ist, ist Geist.
Das, was räumlich und zeitlich
„be"-grenzt ist, ist Materie.

Auch ein Gedanke ist begrenzt und entspringt der Materie unseres Gehirns. Wenn das Gehirn abstirbt, stirbt auch die Möglichkeit des Denkens ab.

Wir, die wir z. Zt. in einem voll funktionsfähigen menschlichen Körper stecken, sind also so etwas wie eine Kombination aus unbegrenztem Geist und begrenzter Materie. Unbegrenzter Geist hat für eine Weile diesen Körper bezogen, um darin bestimmte Erfahrungen zu machen.

114

Unser Körper ist für das geistige Wesen,
das wir in Wahrheit sind,
lediglich so etwas
wie ein Haus auf Zeit.

Wir haben dieses Haus eine Weile zur Verfügung. Wir sind in dieses Haus eingezogen und wir werden aus diesem Haus auch wieder ausziehen. Auch Sie werden keine Ausnahmegenehmigung bekommen. Das körperliche Leben endet in jedem Fall tödlich. Garantiert!

Es wäre also tatsächlich falsch, uns mit diesem Haus zu identifizieren. In diesem Haus knarren ein paar Dielen, gibt es ein paar zugige Fenster, tropfen ein paar Wasserhähne, aber es betrifft allein dieses Haus und nicht uns, den Hausherrn. Wir sind es, die solche Schäden erkennen und beheben können. Wir haben das Werkzeug dazu!

Dass wir uns nicht mit dem Haus identifizieren sollen, heißt nun nicht, dass wir dieses Haus nicht höchst fürsorglich hegen und pflegen und nicht alles dafür tun, es in guter Verfassung zu halten. Schließlich wohnt ja etwas Wunderbares in diesem Haus.

Nun gibt es natürlich viele Menschen, die der Überzeugung sind, dass mit dem Tod alles vorbei ist, dass es dann nichts mehr gibt, dass nichts mehr weiterexistiert. Aus – Ende – Schluss – das war's!

Dies sind jene Menschen, die sich vollkommen mit ihrem Haus identifizieren. Sie haben nicht dieses Haus, sie sind dieses Haus, und wenn dieses Haus abgerissen wird, gehen sie davon aus, dass sie mit abgerissen werden.

Aber wann wurde schon einmal ein Haus mitsamt dem darin lebenden Bewohner abgerissen?

Ohne mich auf religiös fundierte Betrachtungen stützen zu wollen, wissen wir schon allein durch wissenschaftliche Forschungen, dass solche Abrisse nicht stattfinden. Das unbegrenzte, geistige Ich, unser wahres und unsterbliches Sein, existiert auch nach dem Tod unseres begrenzten, materiellen Körpers weiter.

Wir erleben ebenso weiter, wie wir vorher erlebt haben, nur sind wir nicht mehr an die Enge eines materiellen Körpers gebunden, und auch unseren Schuhkarton sind wir endlich losgeworden. Wir wissen dies z. B. aus den wissenschaftlichen Forschungen der bereits zitierten Frau Dr. med. Kübler-Ross und auch von anderen Wissenschaftlern.

Es ist also keinesfalls ein Nichts, in das wir im Falle des Todes fallen! Nicht wir sterben, lediglich der Körper stirbt. Kein Grund zur Panik. Meist hatte er ohnehin ausgedient oder hatte sich, trotz aller Erhaltungsmaßnahmen, mehr zur Plage als zur Freude entwickelt. Nun sind wir endlich wieder frei.

Der Tod ist ebenso Ende wie Anfang. Im unendlichen Rhythmus des Lebens wird etwas Altes abgeschlossen, damit etwas Neues beginnen kann.

So, wie im Herbst die Blätter fallen und an derselben Stelle des Astes bereits die Knospe für ein neues Blatt sichtbar wird.

Ist dies das Ende der Blätter eines Sommers oder ist dies der Anfang der Blätter eines kommenden Sommers?

116

Es gibt weder Anfang noch Ende. Es gibt nur den unendlichen Rhythmus des Kommens und Gehens, des Entstehens und Vergehens. Was da aber entsteht und vergeht, ist begrenzte Materie. Geist, wie wir ihn hier definiert haben, die Ursubstanz allen Seins, bleibt von allem Entstehen und Vergehen unberührt.

Dieser Geist ist göttlicher Natur, ist eine Manifestation Gottes in seiner Schöpfung. Wenn Sie den Ausdruck Gott nicht mögen, nehmen Sie halt irgendeine andere Bezeichnung. Für das allumfassende Eine und Einzige, das mit dem menschlichen Verstand nicht erklärbar ist, ist jede Bezeichnung gleichermaßen zutreffend oder unzutreffend.

Aber gehen wir wieder zurück zu unserem Thema Angst.

Wenn wir das unbegrenzte,
geistige Wesen sind,
so, wie ich es hier erklärt habe,
wovor könnten wir dann Angst haben?

Angst hat immer nur der Schuhkarton Unterbewusstsein und natürlich auch der Verstand, der sich der Aufzeichnungen unseres Schuhkartons bedient, sobald er seinen ständigen Einflüsterungen und Warnungen folgt. Diese Angst ist verständlich.

Für beide gibt es tatsächlich ein Ende. Für unser wahres Sein hingegen gibt es kein Ende!

Wenn wir nun das Problem von Ängsten und Blockaden aus unserer unbegrenzten, geistigen Ebene betrachten, wenn wir gleichermaßen auf Unterbewusstsein und Verstand schauen und diese beiden Ebenen dann mit unserer begrenzten, menschlichen Existenz identifizieren, haben wir im Prinzip die gleiche Arbeitsplattform der Trennung von Problem und Problemlöser, wie wir sie uns mit der Figur des Wolpi geschaffen hatten, nur ist sie eine ganze Dimension höher angesiedelt.

Aber warum, werden Sie womöglich fragen, wenn doch schon allein die Arbeit mit Wolpi zum gewünschten Erfolg führen kann? Nun, die Antwort ist relativ einfach:

Wenn Sie in aller Konsequenz mit Wolpi arbeiten, werden Sie Ihre Ängste und Blockaden in den Griff bekommen, davon bin ich fest überzeugt.

Wenn Sie aber mit der gleichen Konsequenz aus der unbegrenzten, geistigen Ebene heraus mit der Figur Ihres Hans, der Erna – oder welchen Namen man Ihrem Körper auch immer gegeben hat – arbeiten, können Sie nicht nur die Angst, sondern auch gleichzeitig eine Menge anderer Probleme in den Griff bekommen.

Nun steht jeder Mensch an einer anderen Stelle seines Weges. Was dem einen schwer fällt, fällt dem anderen leicht und umgekehrt. Wenn Sie mit der dritten Ebene noch Schwierigkeiten haben, arbeiten Sie am besten zunächst einmal mit Wolpi und wechseln erst dann, gestärkt aus dieser Erfahrung, auf die nächste Ebene.

Wählen Sie den Weg, der sich für Sie richtig anfühlt!

Mit diesem „Sie" meine ich natürlich ausschließlich Ihr wahres Sein, das weiser ist als Unterbewusstsein und Verstand. Vertrauen Sie auf dieses Gefühl!

Also noch einmal zur Verdeutlichung: Wenn wir unsere begrenzte, menschliche Existenz mit dem Vornamen identifizieren, den man uns gegeben hat, dann arbeiten wir nicht mehr mit Wolpi, sondern statt dessen mit Hans, Irmgard, Bruno oder wie auch immer unser Vorname sein mag.

118

Ich bin das unbegrenzte, geistige Wesen, das z. Zt. mit diesem begrenzten Hans, der Irmgard, dem Bruno usw. verbunden ist. Diese Figur hat Angst. Ich kenne keine Angst.

***Wenn ein unbegrenztes, geistiges Wesen
Angst empfinden könnte,
müsste auch Gott
Angst empfinden können.***

Wir sind göttlicher Natur, „Sie" sind göttlicher Natur, auch wenn Sie dies selbst vielleicht nicht einmal so richtig glauben können oder sich auch gar nicht zu glauben getrauen! Wir sind unbegrenzt!

Unser Hans, unsere Irmgard, unser Bruno hingegen sind absolut begrenzt. Sie sind nichts anderes als das Ergebnis ihrer Aufzeichnungen und Erfahrungen von ihrer körperlichen Zeugung bis jetzt und ebenso das Ergebnis der Fremd-Konditionierungen, denen sie in diesem Zeitraum unterworfen waren.

Verzeihung, wenn Sie Folgendes schon einmal in einem anderen Buch von mir gelesen haben sollten, es ist eines meiner Lieblingsbeispiele: Wenn Hans, Irmgard oder Bruno nach ihrer Geburt vertauscht worden und bei ganz anderen Eltern und unter ganz anderen Umständen aufgewachsen wären, wären sie auch heute ganz anders. Hans, der heute Angst hat, wäre dann vielleicht sogar einer der Mutigsten usw.

Wir, das unbegrenzte, geistige Sein, wir, das Leben in diesem Körper, wir, das unbegrenzte, göttliche Bewusstsein, sind und bleiben von all dem unberührt.

Für uns ist dieser Körper, durch den wir sichtbar sind, durch den wir handeln, mit dem wir im Moment verbunden sind, nur ein sehr kurzer Aufenthalt auf einer langen Reise zurück zur Quelle, in der dann letztlich jede Individualität wieder endet. Der Tropfen wird wieder das, was er immer war – Meer.

Wenn Sie diese Gedanken nicht teilen können, wenn Sie der Überzeugung sind, dass dieses Leben ein einmaliger Vorgang ist, dass es weder vorher etwas gab noch nachher etwas geben wird, scheidet für Sie eine Arbeit auf der dritten Ebene, deren Existenz Sie ja damit verneinen, zunächst einmal aus.

Aber dafür können Sie ja dann Ihren Wolpi Gassi führen – wenn Sie wollen. Aber stellen Sie sicher, dass Sie ihn an der Leine führen und die Richtung bestimmen – und nicht umgekehrt. Er wird immer wieder versuchen, sich loszureißen und seine eigenen Wege zu gehen.

Und denken Sie immer wieder daran: Er will Ihnen nichts Böses, er will Sie schützen, er will Sie vor etwas bewahren, auch wenn Sie davor gar nicht bewahrt werden möchten.

9

Ein Beispiel für die Arbeit aus der unbegrenzten, geistigen Ebene

Es wird Sie sicher nicht erstaunen, wenn ich als Beispiel eine Thematik wähle, die so etwas wie eine Folge unserer so genannten „Leistungs"-Gesellschaft ist. Ich habe dies schon am Anfang des Buches kurz erwähnt.

Es ist die Angst, nicht genügen zu können, den gestellten Anforderungen und Erwartungen nicht mehr gerecht werden zu können und damit über kurz oder lang ins Abseits zu geraten.

Diese Form der Angst hat unendlich viele Gesichter und ist völlig unabhängig von Beruf oder Alter.

In einer Leistungsgesellschaft ist man entweder „in" oder „out". Man zählt zu denen, die machen, oder zu denen, mit denen gemacht wird.

Es gilt nur der etwas, der etwas leistet, und das, was er leistet, sollte tunlichst etwas mehr sein als das, was ohnehin jeder leistet. Offenbar der einzige Weg, vorne zu sein und irgendwie mitzureden!

Das heißt also, nicht nur gut zu sein, das heißt, ganz einfach besser zu sein als andere, und wenn man dann eine Weile besser war als andere, wird auch das wieder ganz normal und zählt zu dem, was ja ohnehin erwartet wird.

Eine Endlosspirale, in der auf Dauer nur der vorne bleiben kann, der immer wieder erneut etwas zuzusetzen hat, der immer wieder das entscheidende „Mehr" vorweisen kann, das seine Position sichert.

Wenn wir einmal genau hinschauen, ist es also weniger die Angst vor dem „Nicht-genügen-Können" oder den Anforderungen und Erwartungen nicht gewachsen zu sein, als vielmehr die Angst vor dem, was damit verbunden ist:

das tatsächliche oder auch nur so empfundene Out.

Sollten Sie nun meinen, dass so etwas nur im Sport, im Berufsleben, in der Wirtschaft und Politik gilt, dann unterliegen Sie einem gewaltigen Irrtum. Diese Spirale beginnt in der Regel schon im Kindesalter, in der Schule, der Ausbildung und endet nicht selten im Greisenalter, wo Oma und Opa immer noch besser und vorzeigbarer sein wollen als andere Omas oder Opas.

Verzeihung, wenn ich hier in ein Fettnäpfchen getreten bin, es gibt natürlich keine Omas und Opas mehr, es gibt nur noch Senioren, und deren Angst, irgendwann nicht mehr mithalten zu können und ins Abseits zu geraten, unterscheidet sich in nichts von der gleichartigen Angst eines Spitzenmanagers, Politikers, Sportlers oder auch eines Imbissbudenbesitzers.

Wie oben, so unten – wie innen, so außen – wie im Größten, so im Kleinsten.

Das heißt, der Lebensmotor eines von dieser Angst geprägten Menschen muss dauernd mehr leisten, muss dauernd um seinen Platz und seine Anerkennung kämpfen. Es gibt keinen Schongang und nicht selten nicht einmal die Zeit, den längst fälligen Ölwechsel vorzunehmen. Man könnte ja gerade in dem Moment überholt werden.

Vielleicht sind Sie der Meinung, dass ich in meiner Schilderung etwas überzogen habe, dass ich zwar im Prinzip Recht habe, dass es aber so extrem nun doch auch wieder nicht sei?

122

Mag sein, dass es nur „im Prinzip" so ist, aber wenn Sie dieses „Nur-im-Prinzip-so-Sein" auf sich selbst beziehen können, sollten Sie schleunigst die Notbremse ziehen.

Der Motorschaden wird „im Prinzip" nicht endlos auf sich warten lassen. Das Perpetuum Mobile wurde trotz aller Bemühungen immer noch nicht erfunden.

Wie uncharmant von mir, hier von Motorschaden zu reden. Heute bezeichnet man dies, z. B. im Managementbereich, weitaus verbindlicher als „Burnout-Syndrom" und dies ist schließlich nichts anderes als ein untrügliches Zeichen dafür, dass man immer alles gegeben hat. Wie ehrenvoll! *„Er oder sie wird uns immer ein Vorbild bleiben"*, wird es dann wohl im Nachruf heißen.

Ja, natürlich hat man immer alles gegeben, hat das Letzte aus sich herausgeholt, hat keinen Einsatz gescheut, war immer allen ein Vorbild usw.

Aber gesünder wäre es gewesen, nicht immer alles zu geben, etwas für sich selbst zu behalten, nicht das Letzte aus sich herauszuholen, sondern auch noch etwas drin zu lassen, auch einmal einen Einsatz zu scheuen und nicht immer Vorbild sein zu wollen.

Wer etwas geben will, muss zwingend dafür sorgen, dass er etwas hat.

Wir müssen z. B. „zwingend dafür sorgen", dass es uns gut geht. Denn nur, wenn es uns gut geht, können wir auch andere – z. B. unsere Familie, die Firma, die Partei, den Verein oder was auch immer – an unserem „Gutgehen" teilhaben lassen.

Wenn wir es aber nicht einmal schaffen, dafür zu sorgen, dass es uns gut geht, wie sollten wir es dann schaffen, dafür zu sorgen, dass es unserer Familie, der Firma oder wem auch immer gut geht?

123

Ich würde z. B. einem Mitarbeiter oder gar Manager, dem es nicht gut geht, keine Verantwortung in der Firma übertragen. Wie sollte er in der Firma das schaffen, was er nicht einmal für sich selbst schafft?

Wir müssen dafür sorgen, dass wir auf der Habenseite sind. Durch unser Haben werden wir zum Gebenden. Haben wir aber alles hergegeben, was wir hatten, werden wir zum Bedürftigen! Wir haben uns absolut unverantwortlich benommen.

Die Angst vor dem „Nicht-genügen-Können", die Angst vor dem Versagen, die Angst vor dem Out, die uns immer wieder dazu führt, alles zu geben, ist so etwas wie ein Selbstzünder. Sie führt uns in genau das, wovor wir Angst haben.

Kein anderes Lebewesen auf dieser Erde würde sich so rücksichtslos gegen sich selbst verhalten. Nur der „vernunftbegabte Mensch" tut sich so etwas an, und wir müssen uns zwingend fragen, warum er sich das antut?

Sie wissen, dieses „Warum" hat in meinen Überlegungen immer eine große Bedeutung, denn nur dann, wenn wir die Wurzel einer bestimmten Verhaltensweise bloßlegen, können wir beginnen, das, was daraus erwachsen ist, erfolgreich zu beschneiden. Wenn wir nur am Laubwerk arbeiten, wird die Wurzel immer wieder neue Triebe hervorbringen. Nun, in unserem Fall ist die Antwort nach dem Warum relativ einfach:

Ein Mensch, der sich so verhält, bezieht in der Regel aus dem erhofften Ergebnis seines Verhaltens sein Selbstwertgefühl, seine Selbstachtung und Anerkennung und begibt sich damit in eine totale Abhängigkeit vom Außen.

Eigentlich lebt er gar nicht sein Leben, er lebt vielmehr die Vorstellung und Erwartungen, die andere von ihm und an ihn haben.

Er ist nur zufrieden mit sich selbst, wenn andere mit ihm zufrieden sind, kann sich nur dann achten und anerkennen, wenn auch andere ihn achten und anerkennen. Bleibt der notwendige Impuls von außen aus, bricht seine mühsam erkämpfte Lebensplattform zusammen.

124

Das heißt dann für ihn,
sich erneut zusammenzureißen
und alles zu geben,
bis es schließlich ihn zusammenreißt!

Dies geschieht dann auch meist sehr gründlich, kann z. B. in tiefe Depressionen, in Herzprobleme, in einen gefährlichen Bluthochdruck, in Tinnitus, in eine der vielfältigen Formen des Krebsgeschehens und schließlich bis zum relativ seltenen Suizid führen.

Relativ selten ist ein solcher Suizid, weil in der Phase des Zusammenbruchs dann auch dazu meist der notwendige Antrieb fehlt. In diesem Fall sogar einmal ein positiver Motorschaden. Wie tröstlich!

Nun habe ich Ihnen gesagt, dass wir mit der Arbeit aus der dritten Ebene heraus nicht nur die Angst, sondern auch den Boden, auf dem sie gewachsen ist, bearbeiten können, und diese Bodenbearbeitung ist ja in einem Fall, wie ich ihn hier geschildert habe, absolut notwendig.

Natürlich könnten wir auch hier wieder Wolpi einsetzen, ihn beobachten und zur Ordnung rufen, wenn er sich wieder darstellen und glänzen möchte. Wenn er wieder einmal versucht, durch Leistung gemocht und anerkannt zu werden. Wenn er versucht, so zu sein, wie andere es von ihm erwarten, wenn er wieder einmal alles gibt usw.

Aber ich würde vorschlagen, dass wir zunächst einmal das Ich, das hier auf Wolpi schauen soll, klar definieren und in Ordnung bringen, denn auf dieser Ebene ist offensichtlich etwas in Schieflage geraten, wenn ich es einmal höflich ausdrücken will.

Eigentlich ist dieses Ich ja gar nicht vorhanden. Es wird nur dann empfunden, wenn andere es bestätigen. Es ist, wie wenn jemand zuerst in den Spiegel sehen muss, um glauben zu können, dass er ist. Spieglein, Spieglein an der Wand …

125

Lassen Sie mich die Ursachenverkettung eines solchen Verhaltens einmal an folgendem Fall aufrollen.

Joachim, 43, Dr. rer nat., in angesehener Position bei einem weltweit operierenden Großkonzern tätig.

Erste Irritationen in seiner bis zum sechsten Lebensjahr relativ behüteten Kindheit durch die Scheidung seiner Eltern. Warum ging sein Vater fort, was hatte er – Erwin – falsch gemacht?

Er zweifelte keine Sekunde daran, dass der Auszug des Vaters auch etwas mit ihm zu tun haben müsse. An seiner Mutter konnte es wohl kaum liegen, denn die hatte immer alles für den Vater getan, hatte ihm nie widersprochen oder irgendwie aufgemuckt. Nur er war manchmal etwas bockig gewesen.

Sein Verdacht wurde noch dadurch bestärkt, dass seine Eltern nach wie vor einen freundschaftlichen Kontakt miteinander pflegten. Der Vater hatte nach wie vor einen Hausschlüssel, konnte kommen und gehen, wann immer er wollte, und der Sonntag war unumstößlich der Tag, an dem die ganze Familie etwas miteinander unternahm.

Oft nächtigten sie auch im Wochenendhaus seines Vaters, das dieser in einem nahen Erholungsgebiet besaß. Der Vater war nach wie vor das Oberhaupt der Familie und regelte natürlich auch alle Familienangelegenheiten. Es gab nichts, was nicht mit dem Vater besprochen wurde.

Diese Situation blieb über einige Jahre unverändert, bis der Vater in finanzielle Schwierigkeiten geriet und seinen monatlichen Unterhaltszahlungen und freiwilligen Zuwendungen nicht mehr im gewohnten Maße nachkommen konnte.

Der bisher freundschaftliche Umgang der Eltern schlug plötzlich ins genaue Gegenteil um. Der Vater mutierte zur Unperson, Gerichte wurden bemüht, und auch die Abgabe eines Offenbarungseids, so nannte man die eidesstattliche Versicherung damals, wurde gegen den Vater beantragt.

Da die Mutter nicht gerade die Intelligenteste und in allen Dingen etwas unbeholfen war, wurde Joachim mehr oder weniger die Rolle des Familienoberhauptes auferlegt. Alles wurde mit ihm besprochen, er war nun der Berater der Mutter, vor allem dann, wenn es gegen seinen Vater ging.

Für einen zu dieser Zeit etwa Zwölfjährigen eine totale Überforderung und damit auch so etwas wie eine sehr subtile Form von Kindesmissbrauch.

Hatte Joachim sich schon bei der Scheidung der Eltern in völlig unsinniger Weise mitschuldig gefühlt, so befand er sich nun in einem totalen Zwiespalt. Würde er die Erwartungen der Mutter erfüllen können, würde er alles richtig machen, würde er der auferlegten Verantwortung genügen können?

Natürlich spielte sich dies alles mehr oder weniger auf der unbewussten Ebene ab und ebenso natürlich konnte er als Zwölfjähriger die notwendige Bestätigung und Anerkennung seines Tuns noch nicht aus sich selbst beziehen. Er war zufrieden, wenn Mutter und auch die Familie mütterlicherseits mit ihm zufrieden waren. Er war die Stütze seiner Mutter und durfte nicht versagen. Sein Kindsein war damit beendet.

Hier blieb jede Lockerheit und Unbeschwertheit auf der Strecke.

Hier fand die entscheidende Programmierung seines Unterbewusstseins statt.

Hier wurde die Abhängigkeit vom Außen geprägt.

Hier wurde der Grundstein der Versagensangst gelegt.

Hier hatte er gelernt, immer und jederzeit alles geben zu müssen.

Sie wissen, dass das Unterbewusstsein eine einmal gefundene Wahrheit immer weiter ausbaut. Dass es dieser Wahrheit hinzuaddiert, was dazu passt, und umgekehrt alles boykottiert, was dieser Wahrheit widerspricht.

So wurde seine einmal gefundene Wahrheit immer mächtiger, und es ist nicht verwunderlich, dass er von dieser Wahrheit auch im weiteren Verlauf seines Lebens bestimmt wurde. In der eigenen Familie, die er gegründet hatte, und vor allem natürlich auch in seinem Berufsleben, wo er der von allen geschätzte Joachim war.

Er hatte immer ein offenes Ohr für die Sorgen und Probleme anderer und lud sich so manches Problem auf, das eigentlich gar nicht sein Problem war. Dass er in Ausbildung und Studium immer Hervorragendes leistete, um niemandem Sorgen zu bereiten, versteht sich von selbst. Er fühlte sich ja verantwortlich dafür, dass es allen gut ging.

Darauf angesprochen, bestritt er dies natürlich aufs heftigste. Er würde sich sowieso schon zurückhalten, auf einen pünktlichen Feierabend Wert legen, sich auch einmal Zeit für sich selbst nehmen und versuchen, auch für seine Kinder ausreichend da zu sein usw.

Aber es war sein Verstand, der das so sah. Das Problem lag jedoch auf der unbewussten Ebene. Das, was hier gespeichert war, war stärker als seine verstandesgesteuerte Argumentation.

Es kam, was zwangsläufig kommen musste, der Motorschaden: „Blutdruck 225 zu 145 ohne organischen Befund", der so genannte „essentielle Bluthochdruck", nicht mehr belastbar, körperlich und emotional total ausgelaugt, die psychosomatische Klinik als letzter Ausweg.

Natürlich wurde ihm in vielen therapeutischen Gesprächen klar, was sein Verhalten bestimmte und wie und wo es entstanden war. Aber dies ist, als wären wir uns darüber im Klaren, wie und wo wir uns eine Grippe eingefangen haben. Besser geht es uns dadurch noch lange nicht und um die Auskurierung der Grippe kommen wir nicht herum.

Irgendwie hatte er ja den ungeheuren Druck, unter dem er unentwegt stand, schon lange gespürt. Hatte deshalb versucht, sich nicht völlig vereinnahmen zu lassen, hatte versucht, der Anpassung Grenzen zu ziehen.

Wenn z.B. alle Kollegen den geschäftsmäßigen Anzug mit Krawatte trugen, erschien er im Rollkragenpullover. Während die Kollegen mit ihrem PKW vorfuhren, kam er mit dem Fahrrad. Wenn Überstunden für alle ganz normal waren, ging er zeitig nach Hause usw.

Völlig untaugliche Versuche, denn diese Versuche fanden lediglich auf der Ebene der geschilderten Äußerlichkeiten statt.

Wir können durch Äußerlichkeiten
nicht das ändern,
was wir im Inneren
ändern müssten.

Der Schuss ging sogar nach hinten los. Denn um sich ein derartiges Verhalten leisten zu können, musste er nicht nur besser, sondern sogar wesentlich besser als seine Kollegen und Mitarbeiter sein. Man durfte nicht auf ihn verzichten können, man musste ihn brauchen und man brauchte ihn auch wirklich, was sich z.B. in besonderen freiwilligen Jahressonderzahlungen äußerte.

Statt sich ein Stück Freiheit zu erkaufen, hatte er sich durch sein demonstratives Außenseiter-Verhalten noch mehr unter Druck gesetzt. Er hatte am falschen Ende gearbeitet.

Aber was war nun die Arbeit am richtigen Ende? Nun, sie fing damit an, dass er sich darüber im Klaren wurde, dass dieser ganze Joachim nichts anderes als das Ergebnis der begrenzten Erfahrungen und Konditionierungen war, denen diese Figur in ihrem bisherigen

129

Leben unterworfen war. Dass Joachim gar nicht anders denken und handeln konnte, als er es erlernt und erfahren hatte.

Er war spirituell sehr aufgeschlossen und hoch sensibel. Es war nicht schwierig, ihm klarzumachen, dass er nicht dieser Erwin, sondern das unbegrenzte geistige Wesen war, das in der Figur des Joachim inkarniert hatte, um darin bestimmte Erfahrungen zu machen. Er fand zu einem ganz neuen Ich-Bewusstsein!

Es wurde ihm bewusst, dass er die geistige Kraft war, die die begrenzte Figur des Joachim führen konnte, dass er der Hausherr in diesem Körper war.

Aber was war denn nun die Erfahrung, die er in diesem Körper machen sollte? Ich werde in meiner Praxis immer wieder von Menschen gefragt, was denn ihre Lebenslernaufgabe sei, warum sie gerade in den Problemen stecken, in denen sie immer wieder stecken.

Die Antwort ist nicht immer einfach, aber meist führt schon eine einfache Überlegung folgender Art zumindest zu einer Vorstellung davon, worum es sich dabei handeln könnte. Eine solche Analyse beginnt immer mit einer Aufzeichnung der Startposition, aus der heraus wir in dieses Leben eingestiegen sind.

Die Schöpfung Erde
ist im System der Polarität angelegt.
Alles hat zwei Pole.

Auch Liebe und Hass, Zu- oder Abneigung sind nichts anderes als die extremen Pole ein und derselben Sache, die wir z. B. als zwischenmenschliche Beziehung, soziales Verhalten oder wie auch immer bezeichnen könnten.

130

Müssen wir nun feststellen, dass wir auf einer bestimmten Seite der Polarität aufgewachsen sind oder diese Seite zumindest deutlich überbetont war, wird unsere Lebenslernaufgabe in der Regel immer etwas mit der anderen Seite der Polarität zu tun haben.

Das Gesetz des Ausgleichs! Alles gleicht sich immer wieder aus. Nichts bleibt so, wie es ist.

Sind wir z. B. in behüteter Liebe und Zuneigung aufgewachsen, werden wir unausweichlich mit der anderen Seite der Polarität, mit Hass und Ablehnung, konfrontiert werden oder eben umgekehrt.

Wir werden so lange zwischen den Polaritäten hin und her geworfen, bis wir gelernt haben, mit beiden Seiten gleichermaßen umzugehen, bis wir gelernt haben, beide Seiten in unser Leben zu integrieren, bis wir unseren eigenen Standpunkt gefunden haben.

Niemand kann nur lieben oder nur hassen. Wir können das Prinzip der Polarität nicht ausschalten. Wenn wir nicht die Fähigkeit zu beiden Verhaltensweisen hätten, wären wir nicht komplett, würde uns etwas fehlen, hätten wir nicht einmal die Spur einer Chance, uns innerhalb der Polarität bewusst zu entscheiden.

Und diese Bewusstheit, dieses bewusste Betrachten unserer Möglichkeiten, dieses Draufschauen statt Drinstecken, das Bewusstwerden unserer unbegrenzten Möglichkeiten, das Bewusstwerden unseres wahren Wesens, hat nicht nur etwas mit unserer Lebenslernaufgabe zu tun, es ist eine Lernaufgabe der gesamten Menschheit.

Als Joachim sich seines wahren Ichs bewusst wurde, dies auch wirklich annehmen und auf die Abläufe und Verstrickungen seines bisherigen Lebenszeitraums schauen und den dazu nötigen Abstand herstellen konnte, leitete dies eine entscheidende Wende in seinem Leben ein.

Er führte nun seinen Joachim, er diskutierte mit ihm, er entlarvte seine Scheinwahrheiten und führte ihn schrittweise auf ganz neue Wege. Nicht ganz so einfach, wie ich es hier berichte.

131

Sein Joachim wehrte sich mächtig, er kämpfte um sein Überleben, zog alle Register der Abwehr und spielte auch auf der Klaviatur der körperlichen Symptome. Aber er, der Hausherr, der er nun geworden war, blieb unbeirrt auf seinem Weg und sein Joachim gewöhnte sich sogar erstaunlich schnell daran.

Die beiden wurden ein Team, in dem keiner den anderen überforderte. Sie redeten miteinander, sie diskutierten miteinander, sie suchten nach Kompromissen und Jochim musste dabei immer wieder ein Stück zurückstecken, musste ein Stück von seinen Scheinwahrheiten aufgeben.

Vielleicht wundern Sie sich, wenn ich hier sage: „Sie redeten miteinander." Ja, sie redeten tatsächlich miteinander, und zwar laut und vernehmlich. Etwas, was ich Ihnen in jedem Fall empfehle, wenn Sie sich entschließen, aus der dritten Ebene heraus zu arbeiten.

Diese Arbeitstechnik ist weitaus wirkungsvoller, als wenn sich ein solches Zwiegespräch, als wenn sich solche Verhandlungen lediglich in Ihrem Kopf abspielen. Sie müssen es ja nicht gerade in der Gegenwart anderer tun, die Sie womöglich für verrückt erklären, obwohl Ihnen auch das ziemlich egal sein sollte.

Wenn Sie die ganze Welt für verrückt hält,
es Ihnen dabei aber sauwohl geht,
haben Sie mehr davon,
als wenn die ganze Welt Sie bewundert,
es Ihnen dabei aber sauschlecht geht!

Nun könnte man natürlich sagen: Wie könnte es mir sauschlecht gehen, wenn die ganze Welt mich bewundert? Seien Sie unbesorgt – es könnte!

Wurden z. B. nicht Menschen wie Elvis Presley, Marilyn Monroe, Romy Schneider usw. wenn nicht gerade von der ganzen, so doch zumindest von der halben Welt bewundert? Was hat es ihnen genutzt? Sie haben sich umgebracht!

Zufriedenheit, Anerkennung und Lebensfreude können wir letztlich immer nur aus uns selbst heraus beziehen. Wir müssen vom Außen unabhängig werden. Aber genau daran haperte es ja bei Joachim. Jochim war ja nur zufrieden, wenn alle mit ihm zufrieden waren. Er konnte sich nur anerkennen, wenn andere ihn anerkannten. Es ging ihm nur gut, wenn es allen gut ging, sonst hatte er ein schlechtes Gewissen.

„Du darfst" war die relativ einfache Formel, die sein Leben veränderte:

Du darfst ganz alleine glücklich sein.

Du darfst deine Gefühle zeigen.

Du darfst fröhlich und auch traurig sein.

Du darfst Fehler machen.

Du darfst auch mal faul sein.

Du darfst „dein" Leben leben.

Du darfst so sein, wie du bist.

In seinen Gesprächen und Verhandlungen mit seinem Joachim war dies die entscheidende Formel, die jeden Druck auflöste, die seinem Leistungsmenschen Joachim, der sich für alles und jedes zuständig fühlte, den Wind aus den Segeln nahm.

Natürlich ging dies nicht von heute auf morgen. Es war ein Weg, den beide miteinander gingen. Das Entscheidende dabei war das verständnisvolle „Miteinander" und keinesfalls ein kämpferisches Gegeneinander.

133

Einen *Kampf* gegen die Programmierungen unseres Unterbewusstseins können wir niemals gewinnen. Ganz im Gegenteil. Der *Kampf* wird die Fronten immer mehr verhärten und irgendwann werden uns die Kräfte schwinden.

Sie können dann zwar von sich sagen, dass Sie alles versucht, keinen Kraftaufwand gescheut und sich nicht geschont haben, aber leider haben Sie es in der falschen Weise versucht.

Ihren Kraftaufwand hätten Sie sich sparen können und geschont hätten Sie sich besser auch. Ich hoffe von Herzen, dass wir uns verstanden haben.

10

Die Angst
ins Hier und Jetzt zurückholen

Nur ganz selten ist die Angst im Hier und Jetzt. In der Regel nimmt die Angst immer etwas vorweg, was sein könnte, aber im Moment nicht ist. Die Angst geht allzu gerne auf Reisen und verstrickt sich in Phantasiegebilde, die von der Realität weit entfernt sind. Ich möchte Ihnen zur Verdeutlichung dieser Realitätsfremde drei verschiedene Fundamente der Angst an folgendem Beispiel verdeutlichen.

1. Wenn Sie z. B. ein Erdbeben miterleben, wenn Sie am Ort des Geschehens sind und dabei eine große Angst erleben, dann ist dies nicht nur ganz normal, sondern auch einer der wenigen Fälle, wo die Angst nicht nur im Hier und Jetzt, sondern auch vollkommen begründet ist. Eine Angst, die Sie dann übrigens mit allen anderen Lebewesen, auch den Tieren, teilen und die in keinem Fall therapiewürdig ist. Was hier wirksam wird, sind ganz normale Überlebensinstinkte.

2. Wenn Sie sich in einem für Erdbeben bekannten Gebiet aufhalten (z. B. Tokyo) und Angst davor haben, dass die Erde wieder beben könnte, obwohl es im Moment und vielleicht schon seit langem vollkommen ruhig ist, dann ist diese Angst keineswegs im Hier und Jetzt. Sie nimmt etwas vorweg, was sein könnte, aber im Moment nicht ist.

Auch die Tatsache, dass die Erde dort schon seit längerer Zeit ruhig ist, beunruhigt Sie in einem solchen Fall mehr, als dass es

Sie beruhigen könnte. Für Sie bedeutet das nichts anderes, als dass es dann ja jetzt wieder einmal fällig wäre und das nächste Beben sicher unmittelbar bevorsteht.

Auf diese Art und Weise können Sie jede Stunde Ihres Lebens in Angst verbringen, denn irgendetwas könnte schließlich immer sein. Bei vielen Menschen ist dies tatsächlich so. Selbst wenn sie sich freuen, haben sie Angst davor, dass dies ja nicht so bleiben wird und sie letztlich alles wieder büßen müssen.

3. Wenn Sie in einem Gebiet sind, in dem Erdbeben zwar nahezu unbekannt sind, Sie aber trotzdem davor Angst haben, dass auch hier die Erde beben könnte, weil man ja so viel davon hört und nie wirklich sicher sein kann, dann hat diese Angst Krankheitswert. In der Regel wird man dann versucht sein, sie psychiatrisch zu behandeln, wovor ich dann an Ihrer Stelle wieder Angst hätte.

Nun habe ich hier ein Beispiel gewählt, das von Erdbeben ausgeht. Es müssen aber nicht immer gleich Erdbeben sein. Auch kleinste Erschütterungen – auch die im ganz privaten Leben – können angstauslösend sein. Im Prinzip könnten wir also jedes Beispiel einer Angst nehmen. Die hier getroffene Gliederung in drei Gruppen bliebe dabei immer gleich:

1. Die durch eine konkrete Situation ausgelöste Angst.

2. Die eine angstauslösende Situation vorwegnehmende Angst.

3. Die generelle und krankhafte Angst.

Nach meiner Erfahrung beziehen sich über 90 % der Angstprobleme auf die zweite Gruppe und gerade hier eignen sich die beiden von mir vorgestellten Methoden – die Arbeit mit Wolpi oder die Arbeit aus der dritten Ebene heraus – ganz besonders.

Wir, der Beobachter, entlarven die Angst, die Wolpi, Erna oder Fritz haben, als das, was sie ist: ein übles Kinostück, das lediglich in ihren Köpfen abläuft, aber in der Realität gar nicht stattfindet.

136

Auch wenn wir im Kino sitzen, ist das, was da vor unseren Augen abläuft, nichts anderes als eine Illusion. In Wahrheit passiert auf der Leinwand, die wir da gebannt anstarren, rein gar nichts. Unsere Illusion kann allerdings sehr schnell zur Wahrheit werden. Wie man so schön sagt, „gehen wir mit". Der Film nimmt uns vollkommen gefangen, wir leiden mit, wir kämpfen mit, wir lieben mit und erleben die gleiche Angst um die Geliebte, die auch unser Hauptdarsteller empfindet.

Sehen Sie, mit unseren Ängsten ist dies nicht anders. Der Film, der da bei Wolpi, Erna oder Fritz abläuft, wird allzu schnell zur Wahrheit, und diese Schein-Wahrheit führt uns dann genau in das, was wir eigentlich verhindern wollen.

Die sich selbst bewahrheitende Prophezeiung. Gleiches zieht Gleiches an.

Wir begeben uns mit unserer vorweggenommen Angst in ein Energiefeld, das uns dann genau in das führt, wovor wir Angst haben. Wir öffnen der Angst Tür und Tor. Hinterher sagen wir dann vielleicht noch, dass wir das ja gleich gespürt haben und unsere Angst – wie man jetzt sieht – auch vollkommen berechtigt war.

Also, beobachten wir sehr genau, was da bei Wolpi, Erna oder Fritz abläuft, und holen wir sie dann direkt ins Hier und Jetzt zurück.

Wenn wir vor etwas Angst haben, dass vielleicht morgen, übermorgen oder irgendwann in der Zukunft etwas ablaufen könnte, was wir so nicht wollen, dann erinnern wir unseren Wolpi, unsere Erna oder unseren Fritz daran, dass wir „jetzt" leben und allein dafür zu sorgen haben, dass es uns „jetzt" gut geht.

Nun wird mancher sagen, dass wir doch nicht nur dafür sorgen können, dass es uns jetzt gut geht, sondern uns doch auch Gedanken über die Zukunft machen müssen, und Zukunft ist nun mal in jedem Fall ungewiss.

Ja, aber glauben Sie denn im Ernst, dass die Zukunft gewisser wird, wenn Sie sich darum Sorgen machen oder ihr sogar angstvoll entgegenblicken. Keineswegs!

Ganz im Gegenteil. Mit Ihren Sorgen und Ängsten ziehen Sie wieder genau das an, worum Sie sich sorgen und ängstigen. Sie setzen eine geistige Energie in Bewegung, die sich umsetzen wird. Sie setzen eine geistige Ursache, deren Wirkung Sie erreichen wird.

Wenn Sie dieses Prinzip einer geistigen Schöpfung verinnerlichen, werden Sie auch verstehen, dass wir uns unsere so genannte Wirklichkeit mit unseren Gedanken und Vorstellungen im Wesentlichen selbst erschaffen. Wir sehen und erleben genau das, was unseren geistigen Programmen entspricht!

Glauben Sie etwa, dass ein Mensch, der sich z. B. ständig Sorgen um seine Gesundheit macht, der alle diesbezüglichen Fernsehsendungen verfolgt, alle Zeitungsartikel liest und auch kein Gespräch über die Krankheiten der Nachbarn und die Leiden dieser Welt auslässt, dadurch auf Sicht gesund bleibt?

Ganz im Gegenteil! Durch seine ständige Beschäftigung mit Krankheit bringt er Krankheit in sein eigenes Energiefeld, und so etwas bleibt auf Sicht nicht ohne Folgen. Er bereitet der Krankheit den Boden und ist mit der Zeit wohl eher irritiert, wenn er immer noch nichts hat – obwohl doch so viel …

Nun liegt die Wahrheit wie immer in der Mitte. Sich um etwas gar nicht zu kümmern wäre genau so falsch, wie sich ständig darum zu kümmern. Dies gilt für alle Bereiche des Lebens.

Tun Sie jetzt das,
was Sie jetzt tun können,
und wenn Sie das getan haben,
bleibt Ihnen nichts anderes übrig,
als loszulassen und abzuwarten.

138

Vor allem sorgen Sie dafür, dass es Ihnen hier und jetzt gut geht, denn die Zukunft besteht aus nichts anderem als der dauernden Aneinanderreihung dieser Hier und Jetzt.

Wenn Sie es also schaffen, dass es Ihnen hier und jetzt gut geht, wenn Sie angstfrei leben und Ihren Wolpi, Ihre Erna oder Ihren Fritz immer wieder ins Hier und Jetzt zurückholen, wenn diese ihre Phantasien ausleben wollen, dann geht es Ihnen auch in Zukunft gut. Wie gesagt, die Zukunft besteht aus nichts anderem als der dauernden Aneinanderreihung der momentanen Hier und Jetzt.

Wenn Sie dann nach einer Weile zurückblicken, war auch die Vergangenheit gut, denn auch die Vergangenheit besteht aus nichts anderem als der dauernden Aneinanderreihung der abgelaufenen Hier und Jetzt.

Also, wie geht es Ihnen „jetzt?"

Wenn Sie wollen, schreiben Sie mir mal eine E-Mail. Es interessiert mich natürlich, was Sie mit diesem Buch angefangen haben.

Ihr

Matt Galan Abend

Matt G. Abend

Privatpraxis für neue Psychologie,
Psychotherapie und ganzheitliche Lebensheilung

GALAN-MASTER-TRAINING
„DER WEG ZUR MEISTERSCHAFT DES LEBENS"

EINZELBETREUUNG IN ALLEN BERUFLICHEN
UND PRIVATEN PROBLEMSTELLUNGEN.
EINZEL-INTENSIVWOCHEN UND SEMINARE.

Ihre Kontaktmöglichkeit zum Autor:
E-MAIL: GALANMASTER@AOL.COM
HOMEPAGE: WWW.GALAN-MASTER-TRAINING.DE

Leben heißt Loslassen

Alles, was wir festhalten, hält auch uns fest

Matt Galan Abend

3. Auflage

Hardcover, 168 Seiten
ISBN 978-3-86616-024-8

Das Besitz anzeigende Fürwort MEIN ist sicher eines der meist gebrauchten Wörter unserer Sprache. Aber in Wirklichkeit ist nichts von dem, was wir für MEIN halten, wirklich unser Eigentum. Menschen schon gar nicht, und auch die materiellen Besitztümer, die wir mal mehr, mal weniger zur Verfügung haben, sind Leihgaben, mit denen wir eine Weile spielen dürfen. Wenn das Spiel unseres Lebens abgepfiffen wird, verlassen wir das Spielfeld, aber die Dinge können wir nicht mitnehmen. Fällt uns das Loslassen bei Dingen noch einigermaßen leicht, so haben wir große Schwierigkeiten mit dem Loslassen gegenüber unseren Kindern, Partnern, Freunden, unseren Vorstellungen, Plänen, Wahrheiten – die Liste lässt sich leicht verlängern. Wir machen uns gar nicht klar, wie viel Energie uns das Festhalten kostet. Aber nur wenn wir loslassen, können wir uns dem ständigen Wandel des Lebens, dem Entstehen und Vergehen, dem Kommen und Gehen anvertrauen, nur dann können wir im Fluss der Schöpfung sein.

Der individuelle Weg zu Gott

Matt Galan Abend

Hardcover, 112 Seiten
ISBN 978-3-86616-018-7

C. G. Jung hat einmal sinngemäß gesagt, dass von einem bestimmten Punkt an alle psychischen Probleme der Menschen religiöser Natur sind. Als Psychologe und Psychotherapeut begegnet der Verfasser täglich den Sorgen, Zweifeln und Ängsten der Menschen, die, sofern sie überhaupt noch an Gott glauben, mit Gott unlösbar erscheinende Schwierigkeiten haben. Gibt es angesichts der Ungerechtigkeiten und des Elends in der Welt einen gerechten, liebenden Gott? Wie kann er zulassen, was in der Welt an Bösem geschieht? Warum gibt es überhaupt das Böse? Gibt es einen Himmel und eine Hölle? Gibt es eine Wiedergeburt? Hat es überhaupt Sinn zu beten? Wie ist Gott? Brauchen wir Fürsprache bei ihm? Dies sind Fragen, denen sich der Verfasser in seiner Praxis immer wieder gegenüber sieht. Und welche Antworten kann er den Menschen geben? Gott ist kein Tyrann, sagt er, er will uns nicht bestrafen, er hat uns nicht gekündigt, er will uns keine Furcht vor ihm und seinen unerforschlich erscheinenden Ratschlüssen einjagen, denn wir sind ja nicht getrennt von ihm, sondern in ihm.

Das Doppel-Ich

Eine authentische Lebensgeschichte

Matt Galan Abend

Hardcover, 160 Seiten
ISBN 978-3-86616-029-3

Ihrem Wesen nach sind die beiden Ebenen des Menschen unvereinbar. Eine lebenslange Zerreißprobe. Die eine Ebene will, die andere Ebene bremst. Die unbegrenzte Seele sagt z. B. ja, der begrenzte Verstand analysiert, sagt nein, morgen wieder ja und übermorgen … Lösbar ist dieser Dauerkonflikt letztlich nur durch eine Identifikation unseres ICH mit unserer geistigen Ebene. Der Autor schildert diesen inneren Führungskampf aus der Sicht der inkarnierten Seele. In eine kleinbürgerliche Familie geboren, hat sich der Verfasser das Bewusstsein seiner ganzheitlich-göttlichen Herkunft bewahrt und sieht sein Leben aus dieser Perspektive. Die Seele hält Distanz zu ihrem „menschlichen Persönlichkeit", beobachtet sie, kommentiert ihr Verhalten und Handeln, trickst sie aus, wird von ihr ausgetrickst, arrangiert sich mit ihr und setzt sich endlich durch, um zusammen mit ihr die Lebensaufgabe zu lösen. Sympathisch ist der trocken-schlagfertige Stil, in dem der Verfasser sein Leben beschreibt, ohne Wehleidigkeit, nüchtern, sachlich, witzig. Dieses Buch vermittelt dem Leser einen authentischen Einblick in tiefere Schichten des Menschen.

Medizin für die Seele
Lebens- und Seelenkräfte im Alltag mobilisieren
Prof. Franz Decker

Paperback, 224 Seiten, 32 Grafiken
ISBN 978-3-86616-115-3

Prof. Franz Decker zeigt in seinem Buch diese Probleme auf, aber auch Möglichkeiten, die „Überlebenskräfte", die unerschöpflichen Kraftquellen der Seele und des Geistes, zu wecken und zu entwickeln, um in seelischem Gleichgewicht, mit Freude, Gelassenheit, Mut und Zuversicht das Leben zu gestalten. Das Buch basiert auf den neuesten wissenschaftlichen Erkenntnissen, dass durch eine entsprechende Neuorientierung und Seelenprogrammierung ein erfülltes und ausgeglichenes Leben möglich ist.

Die heilende Kraft des Scheiterns
Ein Weg zu Wachstum, Aufbruch und Erneuerung
Claus Eurich

Hardcover, 128 Seiten
ISBN 978-3-86616-043-9

Ohnmacht und Scheitern zu erfahren ist ebenso alltäglich wie zu erleben, dass Erwartungen zerbrechen. In unserer Kultur werden diese schmerzhaften Lebenserfahrungen überwiegend verdrängt und als Schwäche des Menschen diskriminiert. Dieses Buch verändert den Blick auf das Scheitern grundlegend: fort vom Makel, hin zu den heilenden Aspekten. Es zeigt auf, dass Neues nur entstehen kann, wenn Altes sich auflöst bzw. zerbricht. Scheitern wird in diesem Blick zur Chance. Das Buch gibt Hinweise für eine entsprechende Gestaltung des Lebens. Es ist zudem in eine Zeit hinein geschrieben, die im Großen wie im Kleinen von Krisen geschüttelt ist, in der zugleich aber auch die Sehnsucht nach Aufbruch und Erneuerung überall spürbar ist. In Krisen und Grenzerfahrungen wird dieses Buch ein wertvoller Begleiter sein.

Anders von Gott reden
2. Auflage
Willigis Jäger

Hardcover, 120 Seiten, 20 farbige Zenbilder
ISBN 978-3-86616-061-3

Der charismatische Benediktinermönch und Zen-Meister Willigis Jäger interpretiert in seinem Buch „Anders von Gott reden" biblische Texte, Ereignisse und Personen in einer neuen, ungewohnten Sichtweise als symbolische Darstellungen einer kosmisch-göttlichen Botschaft, die Evolution des Seins und des Lebens, den Menschen und die Natur als Manifestationen Gottes: Gott ist für ihn das Urprinzip, die Urkraft, die sich in jedem Augenblick ereignet, seine Schöpfung ist sein Tanz, der Mensch ein Tanzschritt, eine Welle im Meer des Göttlichen. Die christliche Botschaft wird erweitert und vertieft, christliche Feste wie Weihnachten, Erscheinung des Herrn, Ostern, Maria Himmelfahrt, auch Begriffe wie „Reich Gottes" und „Leid" erhalten durch seine Deutung und Erklärung eine mystisch-spirituelle Dimension, werden als Möglichkeiten zur Wiedergeburt, Auferstehung und Erfahrung des Göttlichen im Menschen gesehen und dargelegt. Wer auf der Suche nach einem tieferen und ganzheitlichen Verständnis seines Christseins ist, für den ist dieses Buch eine Offenbarung. Seine Denkanstöße, seine klare, eindringliche Sprache faszinieren und überzeugen.

Liebe als Erfüllung aller Wünsche

Eine praktische Liebestherapie

Jürg Theiler

Paperback, 256 Seiten
ISBN 978-3-86616-110-8

Der Tiefenpsychologe Jürg Theiler ergründet in diesem Buch die psychischen Ursachen für Gelingen und Misslingen von Liebesbeziehungen. Er erklärt, wie die in der Evolution des Lebens entwickelten Gehirnteile in der Psyche des Menschen unterschiedliche Bedürfnisse und Wünsche erzeugen, die einander oft widerstreiten, aber auch der Weiterentwicklung des Lebens dienen und nur durch die Liebe in Einklang gebracht werden können.

Die Vision vom göttlichen Menschen

Eine spirituelle Weg-Begleitung in das neue Jahrtausend

Barbara Schenkbier

Paperback, 424 Seiten, 21 ganzseitige Bilder
ISBN 978-3-928632-68-3

Prachtband: Geb., 424 Seiten, Einband Kunstleder mit Goldaufdruck,
21 ganzseitige Bilder, Zweifarbendruck
ISBN 978-3-928632-18-8

Das Buch ist ein umfassendes Standardwerk, das den Durchbruch einer neuen Evolutionsstufe im Bewusstsein des Menschen vorbereiten hilft. Aufbauend auf wissenschaftlichen Erkenntnissen und der mystischen Tradition aller Religionen führt es zu einem tieferen Wissen über das menschliche Bewusstsein, um dann den Weg zum göttlichen Menschen zu beleuchten. Alle wichtigen Schritte werden beschrieben, wesentliche Übungen aus einer neuen Sicht heraus dargestellt und die Transformationsstufe zu einem neuen Bewusstsein geschildert. Beim Lesen und Anwenden der beschriebenen Wahrheiten eröffnet sich dem Leser eine neue Sicht auf den Sinn des Lebens. Alle, die den geistigen Weg beschreiten, werden ihn besser verstehen, ihn bewusster, mutiger und konsequenter weitergehen. Das Buch ist aus der eigenen spirituellen Erfahrung der Autorin heraus geschrieben und eröffnet den Blick in eine Zukunft, die die evolutionäre Schöpferkraft selbst schaffen wird.

24 Stunden luzid träumen

Techniken, um den nichtdualistischen träumenden
Hintergrund der Alltagsrealität wahrzunehmen

Arnold Mindell

2. Auflage

Paperback, 274 Seiten, 52 Graphiken
ISBN 978-3-936486-03-2

In seinem Buch „24 Stunden luzid träumen" zeigt der innovative Psychotherapeut und spirituelle Lehrer Arnold Mindell zum ersten Mal auf, wie man in die Welt des Träumens eintritt, jene Welt, aus der die sichtbare Realität hervorgeht. Greift man Ereignisse, die die eigene Aufmerksamkeit erregen wie beispielsweise Körpersymptome, Beziehungsmomente, spontane Gedanken und Phantasien auf und entfaltet deren Signale mit Hilfe der Methode des 24 Stunden luziden Träumens, tritt man vollkommen wach in die nichtdualistische Welt des Träumens ein und lernt deren Botschaften zu verstehen und in die Alltagswelt einzubringen. Die Praxis des 24 Stunden luziden Träumens hilft bei der Lösung persönlicher, körperlicher oder emotionaler Probleme. Sie hilft bei der Lösung von Konflikten in Beziehungen, Familien, Großgruppen, Unternehmen und sogar in der Politik.